Klara Kirschbaum, Ruth Rieper

Adventskalender: Das Winterfest der Waldtiere

24 Türchen mit spannenden Rätseln für den Sachunterricht zum Thema „Tiere im Winter“

PERSEN

Klara Kirschbaum studierte in Karlsruhe Lehramt für die Grundschule mit den Fächern Deutsch, Religion und Sachunterricht. Sie absolvierte das Referendariat an einer Grundschule in Köln und arbeitet seitdem in Hamburg. Klara Kirschbaum ist Autorin zahlreicher Lehrwerke.

Ruth Rieper absolvierte das zweite Staatsexamen sowohl für Lehramt an Grundschulen als auch für das Lehramt Sonderpädagogik. Sie hat viele Jahre an einer inklusiven Grundschule in Nordrhein-Westfalen gearbeitet.

Wir verwenden in unseren Werken eine genderneutrale Sprache, damit sich alle gleichermaßen angesprochen fühlen. Wenn keine neutrale Formulierung möglich ist, nennen wir die weibliche und die männliche Form. In Fällen, in denen wir aufgrund einer besseren Lesbarkeit nur ein Geschlecht nennen können, achten wir darauf, den unterschiedlichen Geschlechtsidentitäten gleichermaßen gerecht zu werden.

1. Auflage 2024

AAP Lehrerwelt GmbH
Veritaskai 3
21079 Hamburg
Telefon: +49 (0) 40325083-040
E-Mail: info@lehrerwelt.de
Geschäftsführung: Andrea Fischer, Sandra Saghbazarian
USt-ID: DE 173 77 61 42
Register: AG Hamburg HRB/126335

Autorschaft:	Klara Kirschbaum, Ruth Rieper
Covergestaltung:	TSA&B Werbeagentur GmbH Hamburg
Coverillustration:	Katharina Reichert-Scarborough
Illustrationen:	Katharina Reichert-Scarborough, Julia Flasche (Piktogramme), Bea Brandes (Faltanleitung Boot), Kristina Klotz (Schmucklinie Weihnachten)
Satz:	Satzpunkt Ursula Ewert GmbH, Bayreuth
Druck und Bindung:	PMLS GmbH & Co. KG, Kassel

ISBN/Bestellnummer: 978-3-403-21192-1
www.persen.de

Inhaltsverzeichnis

Vorwort

Liebe Kolleginnen, liebe Kollegen,

Kinder lieben Weihnachten und sie lieben Rätsel. Zeit, diese beiden Komponenten miteinander zu verbinden! Mit diesem Adventskalender können Sie Ihren Schülerinnen und Schülern, die aufgeregt Weihnachten entgegenfiebern, eine Vorweihnachtszeit voller Spannung bieten.

Im vorliegenden Buch finden Sie 24 kleine Sachunterrichts- und Logikrätsel zum Thema „Tiere im Winter" in Form eines Leseadventskalenders. Die Rätsel sind für Grundschülerinnen und Grundschüler der Klassen 2 bis 4 konzipiert. Da die Kinder nicht an allen Tagen der Adventszeit in der Schule sind, um ein „Adventskalendertürchen" zu „öffnen", können einzelne Rätsel auch am Wochenende zu Hause gelöst oder als Hausaufgabe aufgegeben werden. Die Anzahl der Rätsel bzw. der Aufgaben kann aber auch beliebig reduziert werden. Zu jedem Tag werden Textergänzungen angeboten, die nur für die Lehrkraft als Vorlesetexte gedacht sind. Die Variante mit der integrierten Lösung kann verwendet werden, wenn ein Rätsel ausgelassen werden soll, da die Kinder zum Beispiel nur 18 Tage im Dezember in der Schule sind. Zusätzlich kann der Textabschnitt genutzt werden, um die Inhalte in der nächsten Stunde / am nächsten Tag aufzugreifen und sie so zu wiederholen. Der alternative Text ist mit einem markiert.

Wenn Sie die Lesetexte an die Kinder austeilen wollen, denken Sie daran, vorab den alternativen Text mit der Lösung zu entfernen oder unkenntlich zu machen.

Mithilfe des Adventskalenders werden die Kinder nicht nur auf Weihnachten eingestimmt, sie trainieren auch die Kompetenzbereiche „Lesen" sowie „Zuhören" des Deutschunterrichts und schulen ganz nebenbei ihr Textverständnis. Zudem beinhaltet der Kalender spannende Rätsel, die Kompetenzbereiche des Sachunterrichts beinhalten.

Die Geschichte des Rätseladventskalenders handelt von Tieren im Wald, die gemeinsam ein Winterfest planen, um der dunklen und kalten Jahreszeit entgegenzuwirken – denn mal ehrlich: „Wer hat schon Lust auf die Wintermonate?" Dazu versammelt sich der Rat der Waldtiere zu jährlichen Herbstsitzung und bespricht, was es für ein solches Fest vorzubereiten gibt. Doch so ganz einfach scheint es nicht zu werden und es tauchen viele Fragen auf: Wo sind eigentlich einige Vogelarten? Was macht Herr Dachs im Winter? Wie können die Tiere im Winterschlaf geweckt werden? Wurden im Herbst genug Vorräte gesammelt? Mit den 24 kniffligen Sachunterrichts- und Logikrätseln helfen die Kinder bei der Vorbereitung des Festes. Damit beginnt eine winterliche Knobelzeit für die Schülerinnen und Schüler ...

Machen Sie den Adventskalender zu einem Ritual in Ihrer Schulklasse. Ein gemeinsamer Start in den Tag im Sitzkreis bietet sich an. Sie können die Sequenzen der Geschichte selbst vorlesen oder ein Kind vorlesen lassen. Vertiefende Fragen zu der aktuellen Sequenz oder Wiederholungsfragen zu den bereits gelesenen Geschichtsabschnitten ermöglichen es den Kindern, der Geschichte besser zu folgen und Zusammenhänge herzustellen. So ist gewährleistet, dass alle Kinder die Aufgaben bearbeiten können und keine Fragen mehr offen sind. Die bereits gelesenen Abschnitte sollten im Sitzkreis ausgelegt oder an die Wand geheftet werden, sodass es den Schülerinnen und Schülern jederzeit möglich ist, Einzelheiten nachzulesen. Im Anschluss lösen die Kinder das Arbeitsblatt zur Geschichte in Einzel- oder Partnerarbeit.

Ein Laufzettel zu jeder Sequenz gibt einen Überblick über die bereits gelösten Aufgaben – und am Ende winkt dann eine Urkunde, die die Kinder mit nach Hause nehmen können.

Wir wünschen Ihnen eine spannende Adventszeit und Ihrer Klasse viel Spaß beim Lesen und Knobeln!

Klara Kirschbaum und Ruth Rieper

Bildkarten 1

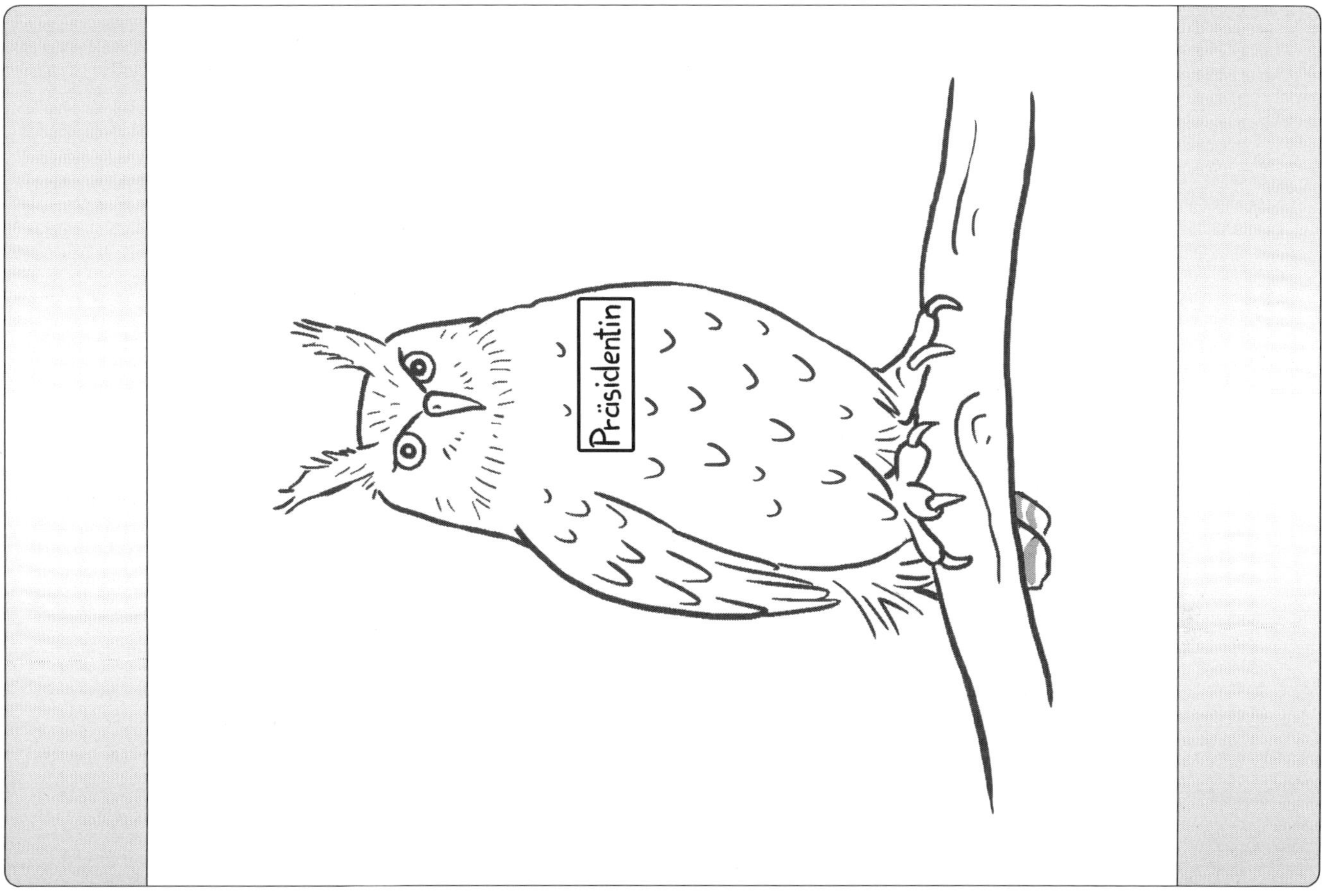

Präsidentin

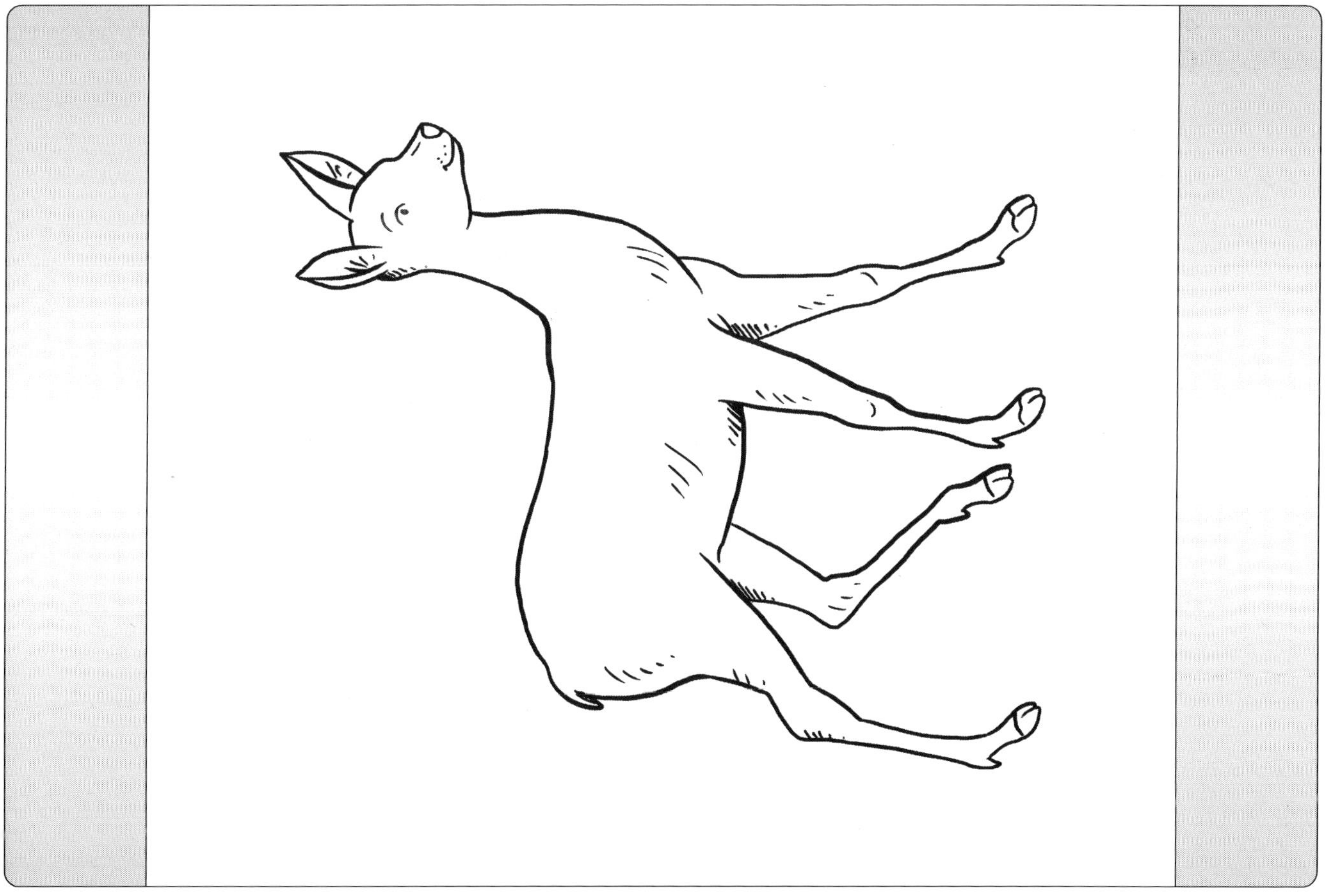

Bildkarten 2

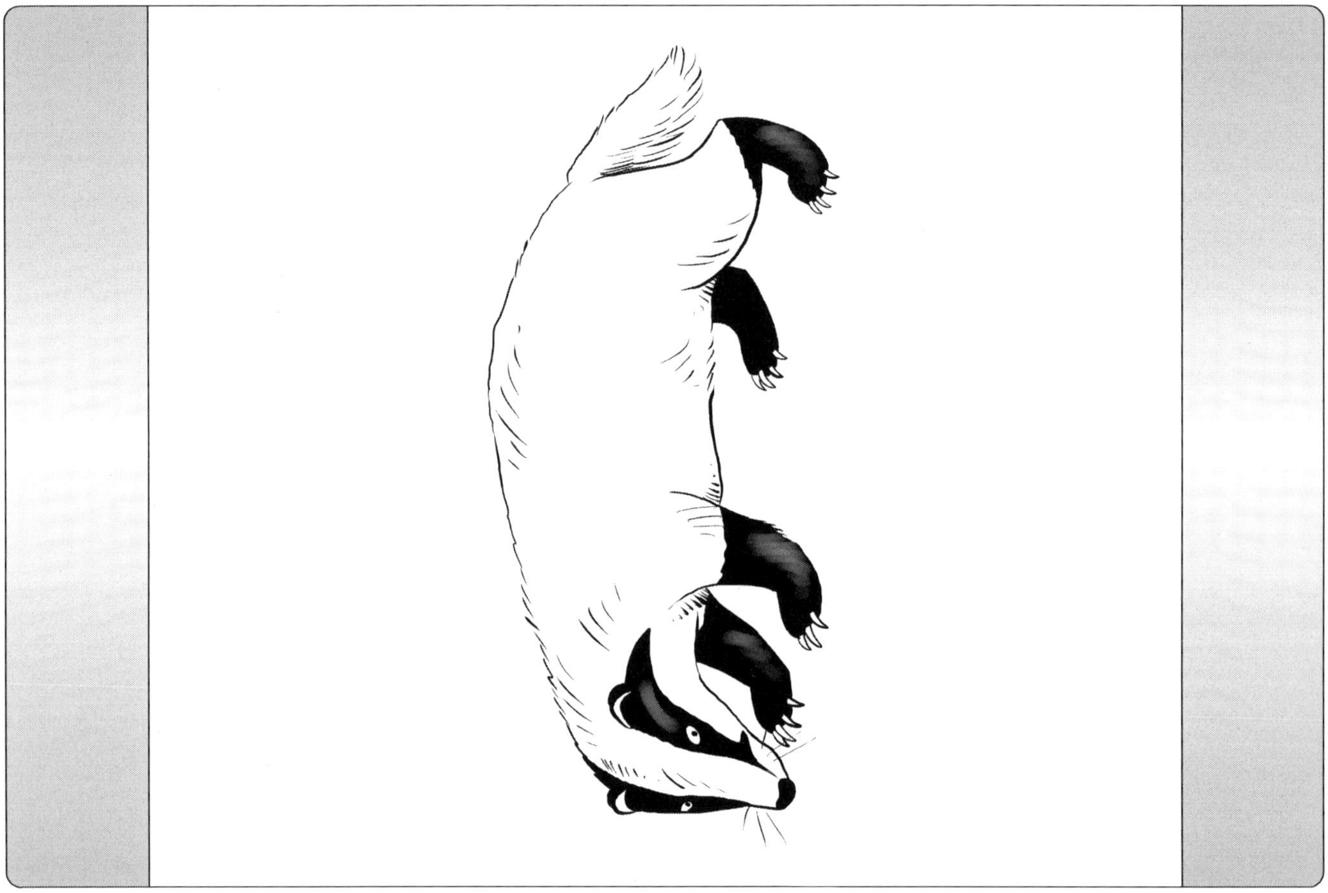

Bildkarten 3

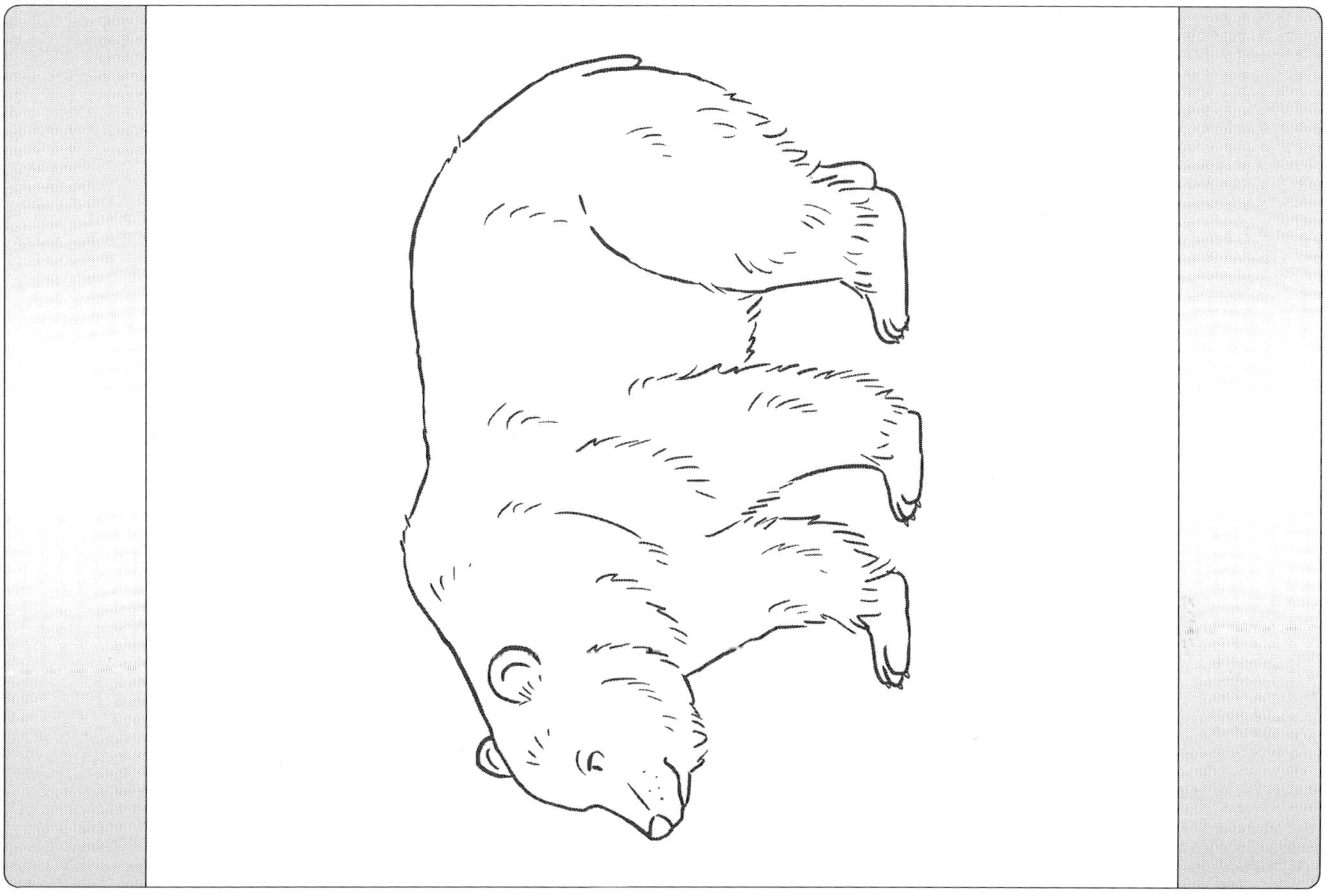

1. Dezember

Es ist Herbst. Die Bäume im Schönewald tragen bereits die ersten bunten Blätter und auf dem Waldboden stehen farbenfrohe Fliegenpilze mit ihren leuchtend roten Hüten. Die Sonne scheint schräg zwischen den Baumstämmen hindurch.
Für die Tiere des Waldes ist es Zeit, sich auf den Winter vorzubereiten. Deswegen hat sich der Rat der Waldtiere zu einer Sitzung versammelt.
Es soll besprochen werden, was für den nahenden Winter wichtig ist. Die Präsidentin Eule eröffnet die Sitzung: „Liebe Ratsmitglieder, herzlich willkommen zur heutigen Sitzung. Sind alle da?" Leise zählt sie die anwesenden Tiere: „Wir sind nur zu fünft. Der Bär ist da, der Dachs ist da, das Reh ist da, die Maus ist da und ich bin da. Wer fehlt uns denn?"

Kannst du es herausfinden? Schnapp dir dazu das erste Rätsel.

➞ Arbeitsblatt: Tiersudoku (S. 24)

In diesem Moment kommt das Eichhörnchen auf die Lichtung geeilt. „Entschuldigt bitte, ich habe mich verspätet, da ich noch schnell ein paar Nüsse verstecken musste. Schließlich kommt der Winter schon bald. Da muss man sich vorbereiten."

2. Dezember

„Nun, dann sind wir jetzt vollständig“, sagt Präsidentin Eule und eröffnet die Sitzung. „Wir alle müssen uns auf den Winter vorbereiten. Da gibt es viel zu tun. Bär, wie ist die Lage bei dir? Bitte erzähl uns, wie deine Vorbereitungen laufen.“ Der Bär brummelt und berichtet dann, während er sich mit seinen Tatzen über den Bauch streicht: „Ich bin ganz zufrieden. Ich habe schon ordentlich Speck auf den Rippen und mache mir wenig Sorgen. Ich futtere die nächste Zeit noch so viel, wie ich kann. Dann mache ich es wie jeden Winter.“

Was macht der Bär jeden Winter? Kannst du es herausfinden?

➞ Arbeitsblatt: Bärenwinterquiz (S. 25)

„Ich verkrieche mich in meiner Höhle, mache es mir ganz gemütlich und halte dann Winterruhe. Die meiste Zeit schlafe ich. Nur ab und zu werde ich mal für kurze Zeit wach. Meine Speckschicht versorgt mich mit Energie.“

3. Dezember

„Vielen Dank für deinen Bericht, Bär!“, sagt Präsidentin Eule und wendet sich an den Dachs: „Lieber Dachs, du hältst ja auch Winterruhe. Bist du ebenfalls gut vorbereitet?“ „Ja“, antwortet der Dachs. „Meine Vorbereitungen laufen auch gut. Da ich ein Allesfresser bin, finde ich genug Nahrung, um mir eine dicke Fettschicht anzufressen. Wie mein Freund Bär verschwinde ich dann in meiner Höhle und halte Winterruhe. Meine Verwandten machen das anders. Sie sind den ganzen Winter über aktiv. Das wäre mir zu anstrengend.“

Welche Verwandtschaft meint der Dachs? Kannst du herausfinden, zu welcher Tierfamilie der Dachs gehört?

➞ Arbeitsblatt: Dachs-QR-Code (S. 26)

„Stimmt“, sagt die Maus. „Du gehörst ja zur Familie der Marder. Die anderen Marder halten keinen Winterschlaf.“

4. Dezember

Das Reh sieht plötzlich ganz traurig aus: „Viele Tiere ziehen sich im Winter zurück. Es ist immer so langweilig. Nichts ist dann mehr los. Und außerdem ist es auch noch so lange dunkel und viel zu futtern gibt es auch nicht ...“ „Findet ihr denn überhaupt etwas zu knabbern?“, fragt das Eichhörnchen dazwischen. „Ich lege mir ja extra einen Wintervorrat an.“ Das Reh antwortet: „Eine große Auswahl gibt es nicht, aber irgendetwas zu fressen finde ich meist.“

Willst du wissen, wie Rehe durch den Winter kommen? Dann schnapp dir das nächste Rätsel.

➞ Arbeitsblatt: Halbierte Rehsätze (S. 27)

„Wenn ich Glück habe, füllt uns der Förster die Raufen mit Heu oder manchmal auch mit Kastanien oder Mais. Himbeer- oder Brombeerblätter finde ich eigentlich auch immer. Aber abwechslungsreich ist mein Futter nicht.

5. Dezember

Das Reh seufzt: „Ich glaube, ihr versteht, warum ich den Winter nicht mag. Aber mal ehrlich, wer hat denn schon Lust auf die Wintermonate? Ich hätte so gerne etwas, auf das ich mich freuen kann.“ Die anderen Tiere schauen das Reh traurig an. Sie verstehen es gut. Der Winter im Wald ist eine schwierige Zeit. Doch da meldet sich die Maus zu Wort: „Ich habe eine Idee. Vielleicht ist es ein bisschen verrückt, aber warum eigentlich nicht ...“

Welche Idee hat die Maus? Kannst du es herausfinden?

➞ Arbeitsblatt: Buchstabenexplosion (S. 28)

„Lasst uns ein Winterfest feiern!“, platzt die Maus heraus und kringelt vor Aufregung ihren Schwanz ein.

6. Dezember

Nach kurzem Zögern stimmen die anderen Tiere zu: „Das ist eine prima Idee! Das vertreibt den Kummer und die Sorgen des Winters und bringt uns bestimmt Spaß und gute Laune.“ „Wen wollen wir denn dazu einladen?“, fragt die Maus.
„Auf jeden Fall alle Vögel“, meint der Bär. „Alle?“, fragt die Eule. „Das geht doch gar nicht. Schließlich fliegen die Zugvögel vor dem Winter in den Süden“, erinnert die Maus. „Welche Vögel sind denn Zugvögel?“, fragt der Bär.

Kannst du es herausfinden und die Frage des Bären beantworten?

→ Arbeitsblatt: Vogelraster (S. 29)

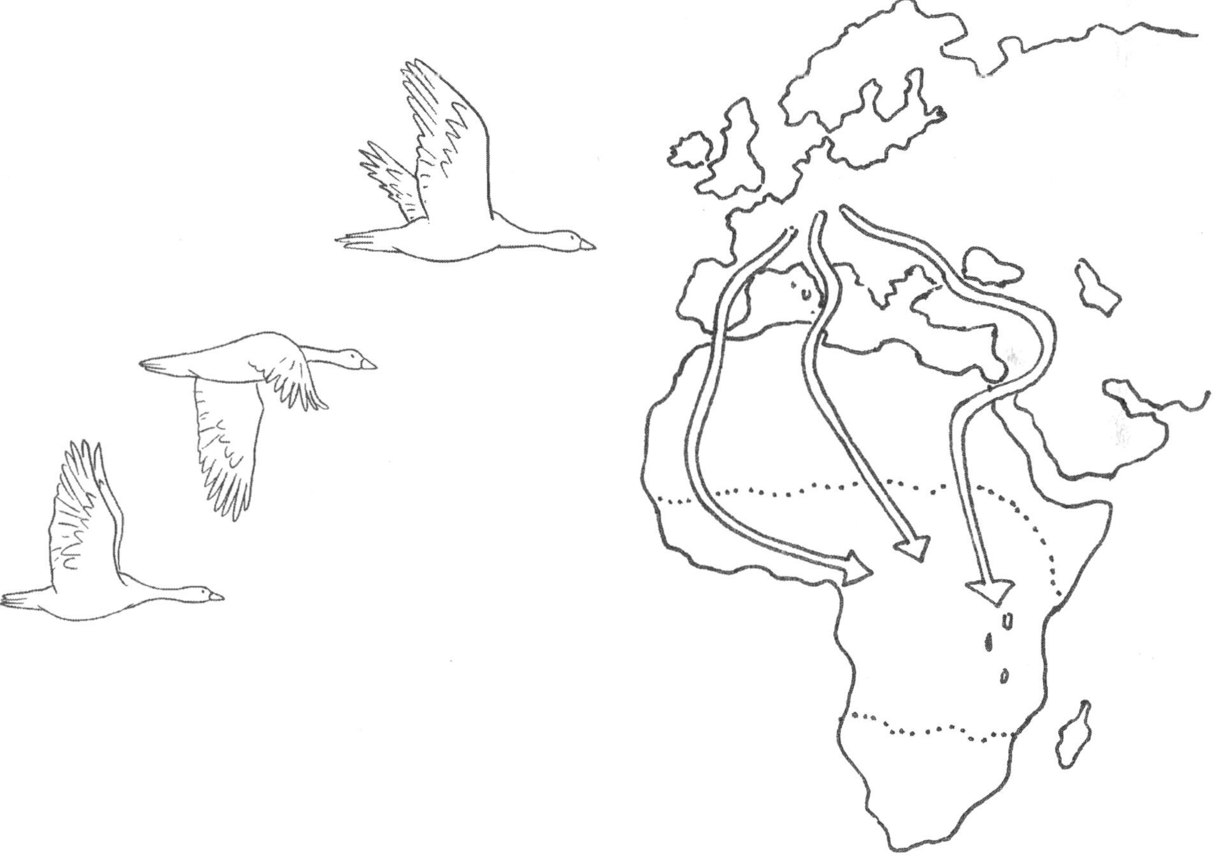

Die Eule erklärt: „Also: Der Kuckuck, die Schwalbe, die Nachtigall, der Star, die Singdrossel und der Zilpzalp fliegen in den Süden. Aber wir können die Amsel, die Kohlmeise, das Rotkehlchen, den Buntspecht, den Sperling, den Zaunkönig, die Haubenmeise, den Buchfink, den Kleiber und den Gimpel einladen.“

7. Dezember

„Für die Zugvögel können wir ein Foto von der Feier machen, wenn sie schon nicht dabei sein können“, schlägt das Reh vor. Der Bär nickt und brummt zustimmend. „Wir sollten auch den Eichelhäher nicht vergessen!“, mahnt Präsidentin Eule. „Er ist so wichtig für unsere Wälder.“ „Allerdings!“, bekräftigt das Eichhörnchen. „Er ist uns eine große Hilfe. Allein könnten wir die wichtige Aufgabe nicht bewältigen.“

Weißt du, von welcher Aufgabe die Tiere sprechen? Löse das nächste Rätsel, dann findest du heraus, welche Aufgabe die Tiere im Wald übernehmen.

➞ Arbeitsblatt: Zahlen-Buchstaben-Geheimnis (S. 30)

„Wer würde sonst all die Bäume pflanzen, die aus den Samen wachsen, die der Eichelhäher im Wald verteilt? Und aus den Nüssen, die du im Herbst versteckst? Gut, dass du nicht alle Verstecke wiederfindest“, sagt das Reh und schaut das Eichhörnchen freundlich an.

8. Dezember

„Also, nun wissen wir, welche Vögel eine Einladung bekommen“, sagt Präsidentin Eule. „Welche Gäste wollen wir noch einladen?“ Da rufen alle Tiere des Rates gleichzeitig, wen sie unbedingt noch einladen wollen. „Stopp! Stopp! Stopp!“, unterbricht Präsidentin Eule das Geschrei. „Einer nach dem anderen bitte!“ Verlegen schauen die Tiere die Eule an. „Der Bär darf beginnen. Wen möchtest du gerne einladen?“, fragt sie.

Welchen Gast möchte der Bär gerne bei der Feier dabeihaben? Kannst du es herausfinden?

➡ Arbeitsblatt: Boot mit Hinweisen (S. 31)

„Ich möchte meinen Freund den Wolf gerne einladen. Wir kennen uns schon so lange“, erklärt der Bär. Die anderen Tiere nicken zustimmend.

9. Dezember

„Nun ...“, wendet sich die Eule an den Dachs: „Wen möchtest du gerne einladen?“ Nachdenklich schaut der Dachs in die Runde, überlegt kurz und sagt dann: „Ich möchte gerne meinen Mitbewohner zu unserer Feier einladen. Der würde sich bestimmt sehr freuen.“ Die anderen Tiere schauen sich ein wenig ratlos an. Wen er wohl meint?

Mit wem teilt sich der Dachs seinen Bau? Finde es heraus!

➡ Arbeitsblatt: Tierlogical (S. 33)

Als der Dachs die ratlosen Gesichter der anderen Ratsmitglieder sieht, erklärt er: „Der Fuchs ist in meinen Bau eingezogen. Ich habe viel Platz, denn einige Wohnhöhlen und Gänge nutzen meine Familie und ich gar nicht.“

10. Dezember

Die Eule fasst zusammen: „Also, bisher stehen einige Vögel, der Wolf und der Fuchs auf der Gästeliste.“ Die anderen Tiere nicken zustimmend. „Liebes Reh, wen möchtest du gerne zu unserem Winterfest einladen?“, fragt die Eule anschließend. Das Reh blickt in die Runde und sagt: „Ich weiß es noch nicht genau, aber ich glaube, ich würde gerne das Tier einladen, das außer mir und dem Fuchs im Winter auch wach ist. Es wird sich sicher auch über ein Fest im langen, dunklen Winter freuen.“

An welches Tier denkt das Reh? Kannst du es herausfinden?

➞ Arbeitsblatt: Gitterrätsel (S. 34)

„Wen meinst du denn?“, fragt der Bär. „Da ich ja den Winter über meist in meiner Höhle bin, weiß ich gar nicht so genau, welche Tiere im Winter zu sehen sind.“ „Das Wildschwein meine ich – es ist wie ich im Winter aktiv“, antwortet das Reh.

11. Dezember

„Und wen möchtest du gerne einladen?“, fragt die Eule und schaut das Eichhörnchen auffordernd an. „Hm …“, überlegt es. „Ich finde, wir sollten die kleinen Tiere nicht vergessen, den Frosch zum Beispiel.“
Die Eule zieht die Stirn kraus und schüttelt leicht den Kopf. „Aber Eichhörnchen, wie soll das denn gehen?“ „Wieso?“, fragt das Eichhörnchen verwirrt. „Warum können wir den Frosch nicht einladen?“

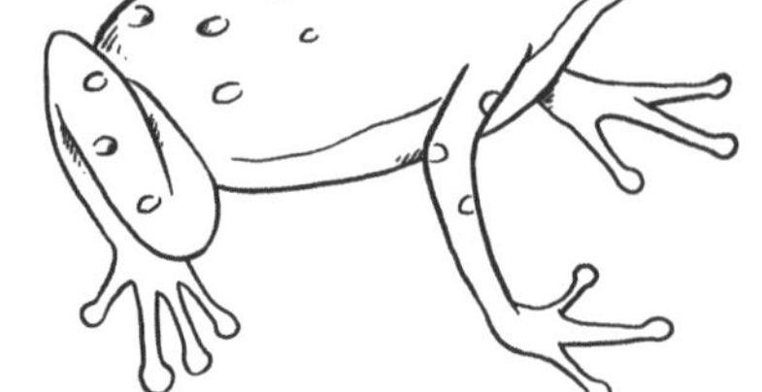

Weshalb kann der Frosch nicht zum Winterfest kommen? Finde es heraus!

➞ Arbeitsblatt: Versteckte Hinweise (S. 35)

Der Dachs kennt sich gut aus und erklärt: „Frösche fallen in Winterstarre. Sie vergraben sich im Schlamm oder im Boden und können sich dann nicht mehr bewegen. Die kann man nicht wecken.“

12. Dezember

Das Eichhörnchen überlegt lange und fragt dann: „Welche Tiere fallen denn noch in Winterstarre? Die können wir alle nicht zu unserem Fest einladen." „Du hast recht", sagt die Eule. „Wir sollten einmal aufzählen, welche Tiere in Winterstarre fallen. Dann wissen wir, wen wir nicht einladen können." Die Ratsmitglieder beginnen mit ihrer Aufzählung ...

Welche Tiere zählen sie auf? Finde es heraus!

➞ Arbeitsblatt: Winterlabyrinth (S. 36)

Am Ende stehen folgende Tiere auf der Liste der Eule: Schlange, Schnecke, Frosch, Kröte, Eidechse, Blindschleiche, Ameise, Marienkäfer, Schmetterling und Molch.

13. Dezember

Die Eule wendet sich wieder an das Eichhörnchen: „Jetzt wissen wir, welche Tiere wir nicht einladen können, weil sie in Winterstarre fallen. Hast du eine andere Idee, wen du gerne auf der Feier dabeihaben möchtest?" „Ja", antwortet das Eichhörnchen. „Mir ist ein Tier eingefallen."

Welches Tier möchte das Eichhörnchen einladen? Löse das nächste Rätsel!

➞ Arbeitsblatt: Spuren im Schnee (S. 37)

Das Eichhörnchen legt seinen buschigen Schwanz um die Pfoten und sagt: „Der Hase soll mitfeiern."

14. Dezember

„Dann ist das ja geklärt", meint Präsidentin Eule und dreht sich zur Maus. „Liebe Maus, wen möchtest du gerne zur Feier einladen?" „Ich bin mir schon ganz sicher. Da musste ich gar nicht lange überlegen. Ohne ihn würde mir auf dem Fest etwas fehlen. Ich mag ihn so gerne. Er ist witzig und wir unterhalten uns oft ...", plappert die Maus los und findet gar kein Ende mehr. Da unterbricht sie der Dachs und fragt: „Von wem redest du denn, Maus?"

Wen will die Maus wohl einladen? Finde es heraus!

➞ Arbeitsblatt: Tierpaare (S. 38)

Die Maus stutzt und ruft dann: „Oh! Habe ich das noch gar nicht gesagt? Den Igel will ich einladen."

15. Dezember

Nun darf natürlich auch die Eule noch einen Gast auswählen. „Ich möchte gerne den Waschbären einladen. Er lebt zwar schon lange hier bei uns in Deutschland, doch er kommt ursprünglich aus einem anderen Land. Er soll wissen, dass er zu uns gehört." Die anderen Tiere nicken zustimmend. Das Eichhörnchen meint: „Ich wusste gar nicht, dass der Waschbär eingewandert ist. Woher kommt er denn?"

Kannst du dem Eichhörnchen antworten? Löse das nächste Rätsel!

➞ Arbeitsblatt: Geheime Botschaft (S. 39)

Die Eule blickt das Eichhörnchen an und will gerade antworten, da ruft die Maus dazwischen: „Ich weiß es, ich weiß es! Die Waschbären sind aus Nordamerika zu uns gekommen." Präsidentin Eule schaut etwas beleidigt, da sie es nicht gewohnt ist, dass man ihr ins Wort fällt. Dann bestätigt sie: „Ja, das ist richtig. Die Waschbären kommen aus Nordamerika."

16. Dezember

Zufrieden schaut die Eule in die Runde. „Unsere Gäste stehen nun fest. Wunderbar! Was müssen wir noch für unser Winterfest vorbereiten?“ „Wir brauchen einen Festplatz!“ „Eine Tombola!“ „Deko!“ Schon wieder rufen alle Ratsmitglieder durcheinander. Die Eule sorgt mit einem lauten „Schuhu!“ für Ruhe. „Nun mal langsam. So wird das nichts. Ein Tier nach dem anderen bitte! Zuerst wollen wir uns einen geeigneten Tag aussuchen.“ Das Eichhörnchen klopft aufgeregt mit dem Schwanz auf den Boden und sagt: „Ich habe eine gute Idee!“

Welches Datum möchte das Eichhörnchen vorschlagen? Finde es heraus!

➞ Arbeitsblatt: Würfelnetz (S. 41)

Erwartungsvoll schauen die Tiere das Eichhörnchen an. „Viele Menschen feiern am 24. Dezember ein großes Fest. Wenn wir uns dann treffen, wird uns im Wald bestimmt niemand stören. Sie sind ja alle beschäftigt.“

17. Dezember

Der Bär meldet sich als Erster zu Wort und sagt: „Das ist eine sehr gute Idee.“ Auch die anderen Tiere sind einverstanden. „Dann sollten wir nun einen geeigneten Platz für unsere Feier suchen“, sagt die Eule. Die Tiere beginnen zu grübeln. Diese Aufgabe ist gar nicht so einfach. Nach einiger Zeit macht das Reh einen Vorschlag: „Ich kenne eine Lichtung, die sich gut eignen würde.“

Welche Lichtung meint das Reh? Finde es heraus!

➞ Arbeitsblatt: Waldplan (S. 43)

„Welche Lichtung meinst du denn?“, fragt der Dachs. Das Reh antwortet: „Es ist die Lichtung mit der großen Futterraufe. Dort ist Platz für uns alle und der Förster achtet immer darauf, dass genug Futter da ist. Dann haben wir auch etwas zu knabbern auf unserem Fest.“ Die Eule bittet die Ratsmitglieder um ihre Meinung. Alle sind einverstanden.

18. Dezember

Nun meldet sich wieder die Maus zu Wort: „Ich möchte so gerne Deko haben. Alles soll schön aussehen, wenn wir unser Fest feiern.“ Der Bär brummt: „Ist das denn wirklich nötig?“ „Natürlich!“, keckert das Eichhörnchen. „Auf jeden Fall!“, bekräftigt das Reh. „Tja“, meint der Dachs. „Dann müssen wir uns wohl fügen, Bär!“ Reh, Eichhörnchen und Maus stecken die Köpfe zusammen und tuscheln. Dann verkünden sie: „Wir wissen nun, was wir schmücken möchten.“ „Was denn?“, fragt der Bär.

Möchtest auch du es wissen? Dann los!

➞ Arbeitsblatt: Geheimnisvolles Bild (S. 45)

Das Reh erklärt: „Wir möchten eine große Tanne haben. Die behängen wir über und über mit Schmuck. Sie soll ein schöner Festbaum werden.“

19. Dezember

Präsidentin Eule fasst zusammen: „Gästeliste, Ort, Zeit und die Deko haben wir bereits besprochen. Nun, dann können wir zum nächsten Punkt kommen.“ „Nein, stopp!“, unterbricht die Maus und lächelt die Eule entschuldigend an. „Wir haben noch nicht besprochen, womit wir unsere Tanne schmücken wollen. Habt ihr Ideen?“

Willst du wissen, welchen Schmuck die Tiere verwenden wollen? Dann schnapp dir das nächste Rätsel!

➞ Arbeitsblatt: Schmucksuchbild (S. 46)

„Ich kann Fichtenzapfen, Kastanien und Eicheln mitbringen“, ruft das Eichhörnchen. „Dann bringe ich ein paar rote Äpfel und Orangenscheiben mit“, brummt der Bär. Präsidentin Eule möchte schöne Federn beisteuern und die Maus will Strohsterne basteln. Der Dachs verspricht, buntes Herbstlaub zu sammeln. Das Reh sagt: „Ich bringe rote Winterbeeren und Kiefernzapfen mit.“

20. Dezember

Die Eule bittet die Ratsmitglieder noch einmal um Ruhe und Konzentration. „Wir haben schon sehr viele Dinge geplant. Was müssen wir noch bedenken?", fragt sie in die Runde. Das Eichhörnchen meldet sich und erzählt: „Einmal habe ich die Menschen bei ihrem Winterfest beobachtet. Sie haben gemeinsam Lieder gesungen. Das hat mir gut gefallen. Eines der Lieder würde auch gut zu unserem Fest passen. Nur leider kann ich mich nicht mehr genau an den Text erinnern." Der Dachs denkt laut: „Ach, gemeinsam singen ... das wäre schön!"

Welches Lied könnte das Eichhörnchen meinen?

➞ Arbeitsblatt: Tannentangram (S. 47)

Das Eichhörnchen überlegt noch einmal und sagt dann: „Es war irgendwas mit einem Tannenbaum." Da erinnert sich die Maus und sagt: „Ich habe das Lied auch schon einmal gehört, als ich bei den Menschen Käse gesucht habe. Es heißt ‚O Tannenbaum'."

21. Dezember

Der Bär möchte nun gerne etwas sagen und die Eule erteilt ihm das Wort. „Ich denke, ein wenig Spannung wäre schön! Was haltet ihr von einer Tombola? Jeder Gast des Festes bekommt ein Los und kann am Ende etwas gewinnen." „Eine gute Idee, Bär!", stimmt der Dachs zu. Auch das Reh findet diese Idee toll: „Wie viele Geschenke sollen wir denn besorgen?"

Wie viele Geschenke wollen die Tiere für ihre Tombola haben? Löse dazu das nächste Rätsel.

➞ Arbeitsblatt: Geschenketombola (S. 48)

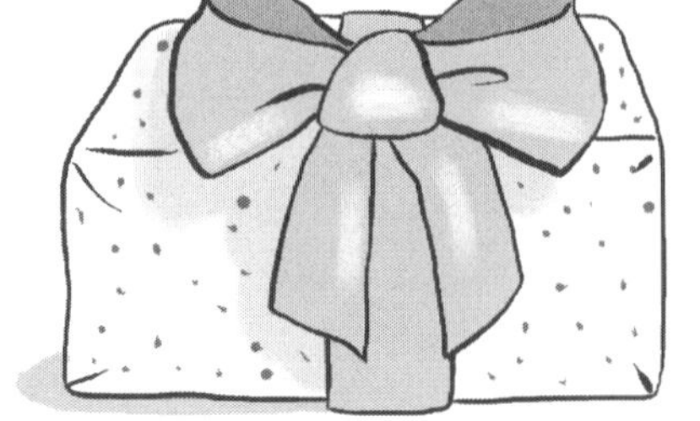

Gemeinsam beraten die Tiere und entscheiden sich für zwölf Geschenke. Jedes Ratsmitglied verspricht, sich um zwei Tombolapreise zu kümmern.

22. Dezember

Zufrieden schauen sich alle an. Das wird sicher ein toller Winter mit dem großen Fest in der dunklen Zeit. Gerade will Präsidentin Eule die Sitzung schließen, da fällt dem Bären plötzlich etwas sehr Wichtiges ein: „Wir haben nicht daran gedacht, dass ein Teil von uns und unseren Gästen das Fest vielleicht verschläft. Wir brauchen jemanden, der uns weckt." „Völlig richtig!", sagt der Dachs. „Wie gut, dass du daran gedacht hast." Die Eule fragt: „Wer könnte diese Aufgabe übernehmen? Es ist eine große Verantwortung und man muss sehr geschickt sein." Die Tiere schauen sich um und schnell fällt ihr Blick auf ein bestimmtes Ratsmitglied. Begeistert nicken sie.

Wer soll wohl den Weckdienst übernehmen? Finde es heraus!

➞ Arbeitsblatt: Legestern (S. 50)

Die Maus fühlt sich geehrt: „Ich übernehme die Aufgabe gerne. Ich bin flink, klein genug, um überall hindurchzuhuschen, und ich kann auch gut klettern, um das Eichhörnchen in seinem Kobel zu finden."

23. Dezember

Der Rat der Waldtiere freut sich sehr auf das große Winterfest und alle machen sich zufrieden auf den Heimweg. Die Zeit vergeht sehr schnell, die Vorbereitungen müssen erledigt werden. Vor allem die Tiere, die im Winter nicht aktiv sind, müssen sich beeilen, um alles rechtzeitig vorzubereiten.
Früh am Morgen des 24. Dezember ist die Maus bereits unterwegs, um dafür zu sorgen, dass niemand das Winterfest verpasst. Sie hat bereits den Bären in seiner Höhle und den Dachs in seinem Bau besucht und geweckt. Auch Eichhörnchen und Waschbär sind informiert. Doch die Maus ist fürchterlich aufgeregt. Sie kann den Igel nicht finden. Wo ist er nur?

Kannst du helfen?

➞ Arbeitsblatt: Tiere im Winter (S. 52)

„Beruhige dich!“, sagt das Reh und schnaubt der Maus liebevoll durchs Fell. „Zufällig habe ich gesehen, dass sich der Igel am Anfang des Winters in dem Laubhaufen dort hinten verkrochen hat.“ Erleichtert atmet die Maus tief aus und bahnt sich ihren Weg durch die Blätter.

24. Dezember

Um 17 Uhr am 24. Dezember haben sich alle eingeladenen Tiere auf der Lichtung versammelt. Die große Futterraufe ist voller Heu und die Tanne ist liebevoll geschmückt. Die Augen der Tiere leuchten vor Freude. Gemeinsam singen sie „O Tannenbaum", verteilen die Preise der Tombola und genießen den wundervollen Nachmittag und Abend. „Ist das schön!", seufzt das Reh. „Das müssen wir ab jetzt jedes Jahr machen." Zum Ende des Festes schwingt sich Präsidentin Eule auf den Ast eines nahen Baumes und spricht: „Wir bedanken uns bei allen Tieren, die mit uns dieses Fest gefeiert haben. Ich wünsche euch, dass ihr gut durch den restlichen Winter kommt. Allen Kindern in der Schule wünsche ich …" Ein plötzliches Donnergrollen übertönt die Stimme der Eule.

Welche Wünsche hat die Eule für euch?

➞ Arbeitsblatt: Nachricht im Licht (S. 53)

Tiersudoku

Hilf der Eule herauszufinden, welches Tier fehlt.
Löse dazu das Sudoku.

  Ordne die Bildkarten ins Sudoku ein.

 Welches Bild bleibt übrig? ______________________________

 Hinweis: In jeder Zeile, in jedem Viererblock und in jeder Spalte darf jedes Bild nur einmal vorkommen.

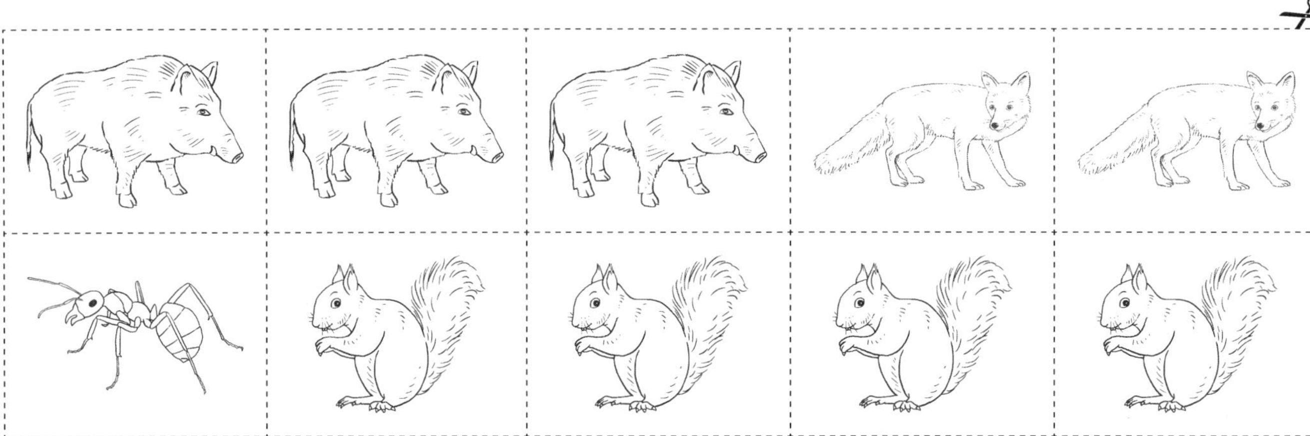

Bärenwinterquiz

Beantworte die Fragen.

Male die Pfeile entsprechend der richtigen Antwort an. Die Pfeile führen dich zur Antwort und zur nächsten Frage.

Wie verbringt der Bär den Winter? ______________________________

Start — Wo verbringt der Bär bis zu sieben Monate im kalten Winter?	in einer Höhle — Was liefert dem Bären im Winter ausreichend Energie?	seine Speckschicht — Wie bekommt der Bär die Speckschicht?	Er braucht keine Speckschicht, weil er das Körpergewicht behält. — Wann ist Frühlingsanfang?
in einem Kobel — Worin verfallen wechselwarme Tiere im Winter?	in einen Winterschlaf — Wie viel Körpergewicht verliert der Bär im Winter?	Er frisst sie sich im Herbst an. — Was tut der Bär die meiste Zeit im Winter?	Nahrung suchen — Was frisst der Bär im Winter?
in eine Kältestarre — Welche Tiere fallen in eine Kältestarre?	Rehe, Waschbären, Füchse — Wie schützen sich Tiere vor der Kälte?	er schläft — Was passiert im Körper des Bären?	Tannennadeln — Womit wird das Ruhelager vor dem Winter ausgepolstert?
Fische, Frösche, Eidechsen — Was macht der Igel im Winter? Er hält Winterschlaf.	Es wächst ihnen ein dickes Winterfell. — Was macht die Schnecke im Winter. Sie fällt in Winterstarre.	Kreislauf, Atmung und Herzschlag werden verringert — Was macht der Bär im Winter? Er hält Winterruhe.	Gras, Moos, Laub, Flechten und Farnen — Was macht das Wildschwein im Winter? Es ist aktiv.

Dachs-QR-Code

 Male die Felder mit den Zahlen 1 und 3 schwarz an.

 Nimm dir ein Smartphone oder ein Tablet.
Öffne die Kamera und scanne den QR-Code.

 Zu welcher Tierfamilie gehört der Dachs? ______________________________

____

5		5			9		4	9		5	9	2		5
		3		6	1	1	4		5		2		5	
	2	4	6	1	4	4	1		6	6	4	3		
5	6			2	4	5	6	3	2	4	5	3	2	
4	6	2	3	4	1	6	9	9	5	2	9	9	4	9
2	5	3	1		5	1	5		2	6	5	5		2
5			4	4	1	6	4	3	6		4	6	6	1
5	6	1	2	2	9	4	9	9	3		6	2	6	1
2	5	3	4		2	3	6	4		3	1	3	9	2
6	9	6	1	4	5		9	1	4	4			2	4
6		2	4	5	1	5	9		3	9	6	9		2
9	6		3	1	6		2	3		5	5	4	6	6
5	1	3	6	5		1		2	9	1	1	6	2	5
3	9	6	1	9	1			1		9	4	9		
5		5	2	5	1		2	5		4	5	6		

Halbierte Rehsätze

 Schneide die unteren Satzteile aus. Klebe sie zu den passenden oberen Satzteilen.

 Lies den Text.

Nun weißt du, wie Rehe durch den Winter kommen.

Im Winter schlafen Rehe meist unter Nadelbäumen.

So sind sie vor Schnee geschützt und es ist dort etwas wärmer.

Eigentlich fressen Rehe gerne frische Gräser, Knospen

und Kräuter.

Doch im Winter finden sie nur Himbeer- und Brombeerblätter.

Manchmal werden Rehe auch vom Förster gefüttert.

Er gibt ihnen Stroh, Heu, Kastanien oder Mais.

So sind sie vor Schnee geschützt und es ist dort etwas wärmer.

Er gibt ihnen Stroh, Heu, Kastanien oder Mais.

Manchmal werden Rehe auch vom Förster gefüttert.

Doch im Winter finden sie nur Himbeer- und Brombeerblätter.

und Kräuter.

Im Winter schlafen Rehe meist unter Nadelbäumen.

Eigentlich fressen Rehe gerne frische Gräser, Knospen

Buchstabenexplosion

Willst du wissen, welche Idee die Maus hat? Dann musst du Ordnung in die Buchstabenexplosion bringen.

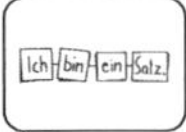

Sortiere die Buchstaben zu einem Lösungssatz.

Tipp: Gleich und gleich gehört zusammen. Umkreise zusammengehörende Buchstaben jeweils in derselben Farbe.

E T F E N S S L I T I U I T N I S E R E W A S N E R N F

Trage die Lösung in die Kästchen ein.

Vogelraster

Beantworte die Frage des Bären.

 Lies die Hinweise.

 Welche Vögel sind dort beschrieben? Streiche sie durch.

 Die übrig gebliebenen Vögel ziehen in den Süden: ______________________

____

die Amsel	der Kuckuck	die Kohlmeise	das Rotkehlchen
die Schwalbe	der Buntspecht	der Sperling	der Zilpzalp
die Nachtigall	der Zaunkönig	der Kleiber	die Haubenmeise
der Buchfink	der Gimpel	der Star	die Singdrossel

 **Hinweise:**

1. Über und unter mir sind Vögel, die mit einem K beginnen.
2. Ich hämmere gegen den Stamm.
3. Ich habe die lustigste Frisur.
4. Ich hätte gerne eine Krone.
5. Ich bin in der untersten Reihe und gucke nach rechts.
6. Ich sitze auf einem Ast und schaue nicht nach oben.
7. Ich hänge kopfüber am Baumstamm.
8. Mein Kopf ist obendrauf schwarz.
9. Meine Lieblingsspeise sind Bucheckern, daher auch mein Name.
10. Mein Name hat 5 Buchstaben.

 Hier könnt ihr noch mehr über die Vögel erfahren: 

Zahlen-Buchstaben-Geheimnis

 Wie lauten die Sätze?

 Schaue die Wörter in der Tabelle nach.

 Schreibe die Sätze hier auf:

1A 3B 2D 5A 7C 8E 5D 3E 4C

3C 5B 2C 8B 7A 1E 6E

3A 2B 6C 8A 1C 3D 4E

7D 6B 4D 4A 1B

	A	B	C	D	E
1	Sie	Bäume	sie	keinen	den
2	Das	manche	als	im	aber
3	Doch	verstecken	Diese	nicht	von
4	neue	nur	Bäumen	dann	wieder
5	Herbst	dienen	Satz	Samen	toll
6	wird	wachsen	Verstecke	Sinn	Winter
7	für	ein	Nüsse	Dort	ist
8	finden	Vorrat	der	ergibt	und

Boot mit Hinweisen 1

1. Schneide den Bogen aus und lege ihn so vor dich, dass das schwarze Dreieck unten rechts ist. Falte nun die obere Hälfte mittig nach unten. Die Abbildungen sind jetzt nicht mehr zu sehen.	
2. Falte dann die Ecken zur Mitte.	
3. Falte die Ränder auf beiden Seiten nach oben.	
4. Falte die überstehenden Ecken auf beiden Seiten nach hinten um.	
5. Öffne das Hütchen und lege die Ecken aufeinander.	
6. Falte auf beiden Seiten die offene Ecke nach oben, sodass ein Dreieck entsteht.	
7. Öffne das Hütchen erneut und lege die Ecken aufeinander.	
8. Ziehe die Seiten auseinander.	

Welches Tier ist vorne auf dem Boot zu sehen? ______________________

Boot mit Hinweisen 2

Diese Ecke liegt unten rechts.

Tierlogical

Löse das Rätsel.

  Trage die Namen und Hobbys der Tiere ein. Male, was fehlt.

Name:	Name:	Name:	Name:	Name:
________	________	________	________	________
Hobby:	Hobby:	Hobby:	Hobby:	Hobby:
________	________	________	________	________

 Lies die Hinweise.

1. Das Tier, das gerne Schach spielt, steht ganz rechts.
2. Ursel spielt Flöte und hält einen Apfel in der Pfote.
3. Bruno steht neben dem Tier, das Schach spielt.
4. Hilde steht neben dem Tier mit dem blauen Kleidungsstück.
5. Das Tier mit dem grünen Kleidungsstück hält einen Apfel in der Hand.
6. Das Tier, das gerne Schach spielt, hält ein Buch in der Pfote.
7. Theodor steht links von Detlef.
8. Ein Kleidungsstück ist braun.
9. Detlefs Hobby ist joggen.
10. Der Gewichtheber Bruno steht neben einem Pilz.
11. Die Schuhe sind gelb.
12. Das Kleidungsstück zwischen dem gelben und dem blauen ist grün.
13. Theodor hat nicht die Möhre.
14. Neben einem Tier steht ein Eimer Farbe.
15. Der Fuchs trägt einen roten Hut.

Das gesuchte Tier malt gerne.

 Es ist der ________________________________.

Gitterrätsel

 An welches Tier denkt das Reh?

 Löse das Rätsel.

1. Die meisten Insekten fallen bei kalten Temperaturen in …
2. Die meisten Marder sind im Winter …
3. Das Eichhörnchen hält seine Winterruhe im …
4. Vögel, die im Winter hierbleiben, nennt man …
5. Viele Tiere fressen sich im Herbst eine dicke … an.
6. Der … vergräbt Eicheln als Wintervorrat.
7. Wo hält der Bär seine Winterruhe?
8. Vielen Tieren wächst ein dichtes …
9. Der Förster füttert Rehe im Winter mit Heu, Mais oder …
10. Manche Zugvögel fliegen bis nach …
11. Im Winterschlaf werden die … und der Herzschlag langsamer.

1.
2.
3.
4.
5.
6.
7.
8.
9.
10.
11.

Lösung:

Versteckte Hinweise

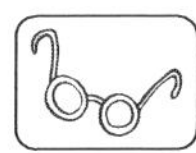 Lies den Text.

Der Wald im Winter

Nachdem es im Herbst noch einmal eine Schlemmerzeit für die Tiere im Wald gibt, wird der Winter eine schwierige Jahreszeit für sie. Die Laubbäume haben bereits ihre Blätter fallen lassen, nichts wächst mehr und es wird kalt. Die Auswahl an Nahrung ist nicht groß und die Kälte fordert einige Anpassungen.

Tiere haben ganz unterschiedliche Strategien entwickelt, um die dunkle Jahreszeit zu überstehen. So gibt es Tiere, die Winterruhe halten. Sie werden gelegentlich geweckt, zum Beispiel durch Hunger oder durch das Bedürfnis, den Darm zu entleeren. Dazu gehören auch Bären und Eichhörnchen.

Andere Tiere halten Winterschlaf. Sie werden den ganzen Winter hindurch nicht wach. Sie verkriechen sich in Höhlen, Bauen oder anderen Verstecken. Wieder anders machen es die Amphibien und Reptilien. Zu ihnen gehören Frösche und Molche, aber auch Eidechsen und Schlangen. Sie fallen in eine Winterstarre. Dabei wird die Körpertemperatur der Tiere so niedrig wie die Umgebungstemperatur. So können sie sogar Minusgrade überstehen. Auch einige Insekten können so den Winter überleben.

Um welche Wörter handelt es sich? Knacke den Code.

6/3	21/1	7/4	19/5	22/1
10/3	24/3	18/11	16/2	15/12

 Notiere dein Ergebnis hier: ______________________________

____

 Tipp: Die erste Zahl steht immer für die Zeile. Die zweite Zahl steht immer für das Wort. Beispiel: 2/4 bedeutet also Zeile 2 und dort das 4. Wort: Herbst.

Winterlabyrinth

Wie findet das Eichhörnchen zu seinem Kobel?

Die Tiere auf dem Weg des Eichhörnchens fallen im Winter in eine Winterstarre.

Schreibe sie hier auf: ______________________________

____

Spuren im Schnee

Welche Spuren gehören zu welchem Tier?

 Trage die Namen ein:

Reh	Amsel	Wildschwein	Igel	Waschbär	Wolf	Hase	Fuchs

 Du möchtest wissen, welches Tier das Eichhörnchen einladen möchte? Es ist das Tier, das übrig bleibt:

 ____________________

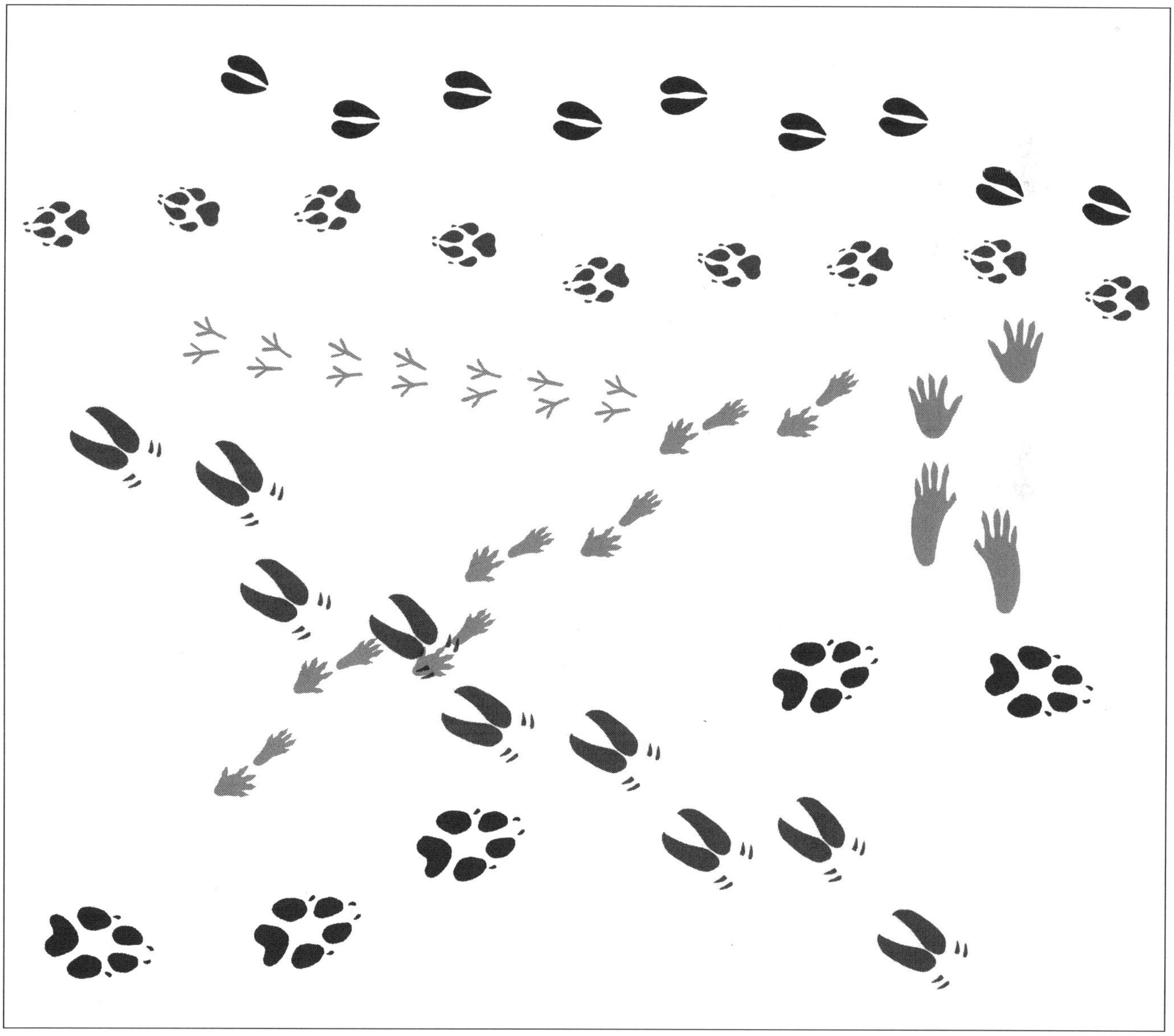

 Wusstest du schon, dass man eine Fuchsspur daran erkennt, dass die schmalen Pfotenabdrücke in einer geraden Linie hintereinander verlaufen? Einen Pfotenabdruck nennt man auch Trittsiegel.

Tierpaare

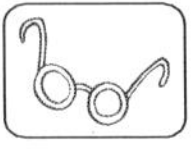 Schaue dir die vier Felder an.

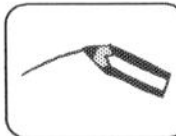 Verbinde die jeweils gesuchten Tiere.

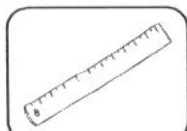 Nimm dafür am besten ein Lineal.

 Durch welche Buchstaben laufen die Linien? Setze sie zusammen.

Verbinde die Tiere, die in Winterstarre fallen.

F I B R M D

Verbinde die Tiere, die Winterruhe halten.

I F M S G A

Verbinde Vögel, die im Winter hierbleiben.

A D E G M S

Verbinde die Zugvögel.

A L H F I

Geheime Botschaft 1

 Schneide die Caesarscheibe aus und setze sie richtig zusammen.

 Kannst du die geheime Botschaft entschlüsseln?

 Trage die Botschaft hier ein:

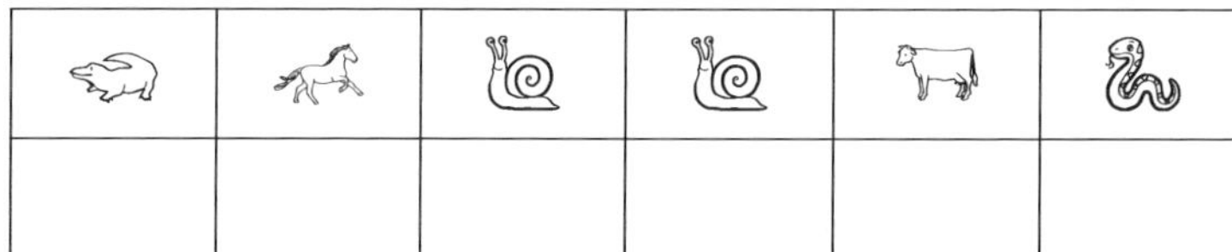

Geheime Botschaft 2

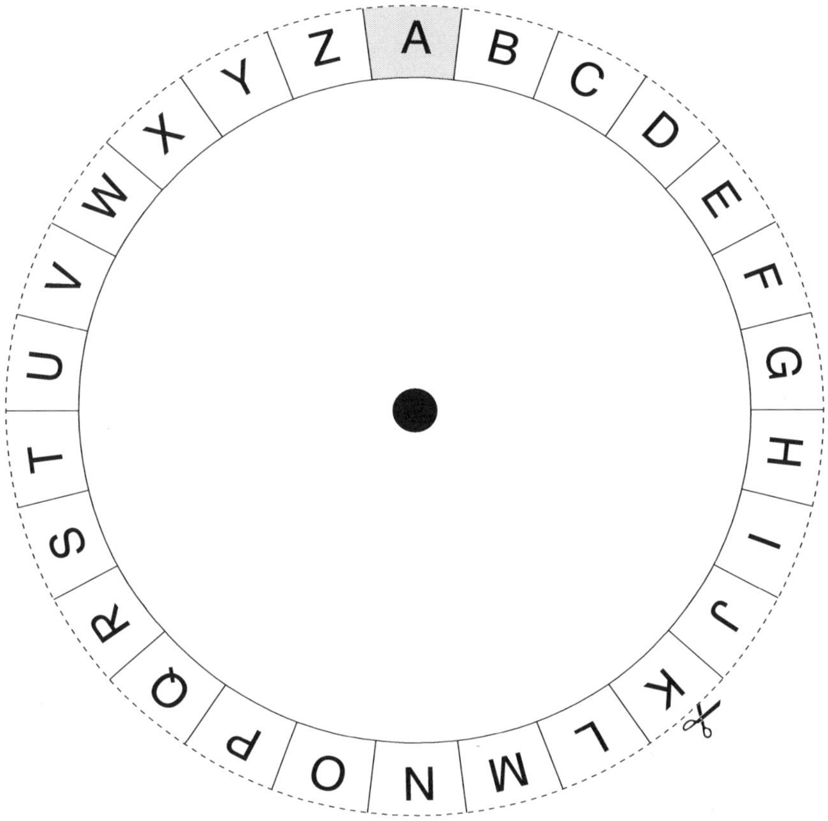

A B C D E F G H I J K L M N O P Q R S T U V W X Y Z

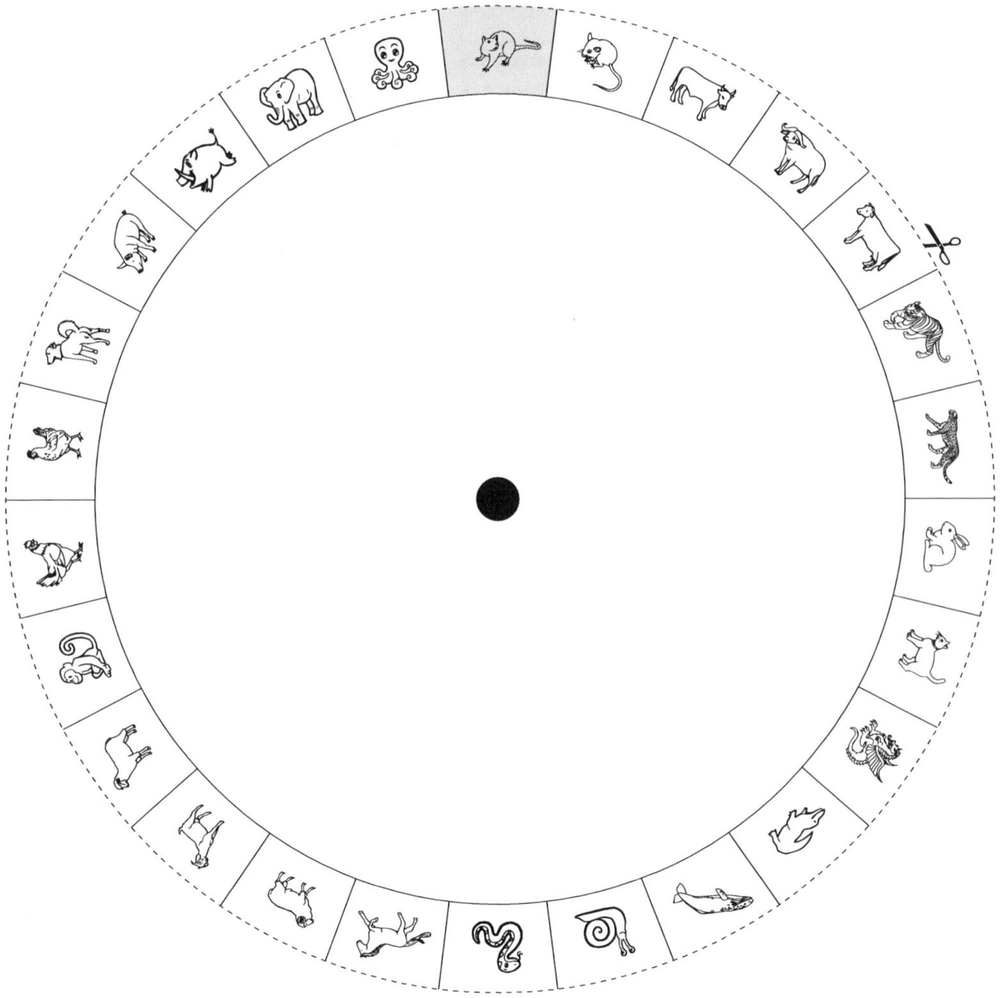

Würfelnetz 1

  Schneide das Würfelnetz aus und klebe es an den Klebelaschen zusammen.

Lege den Würfel so vor dich, dass das Wort „Start“ oben liegt und du es richtig herum lesen kannst.

Drehe den Würfel so, wie die Pfeile es angeben.

 Notiere nach jeder Zeile die Ziffer, die oben ist. Beginne jedes Mal wieder mit der Startseite oben.

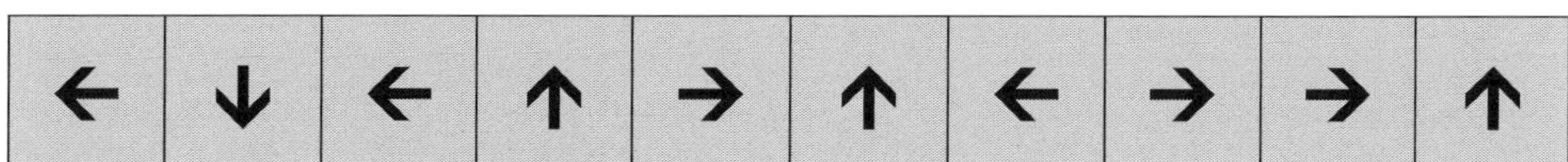

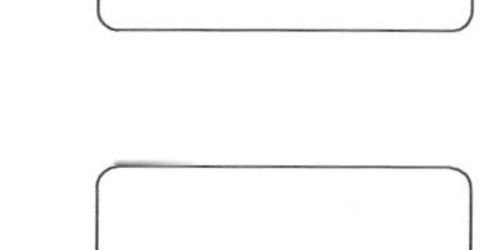

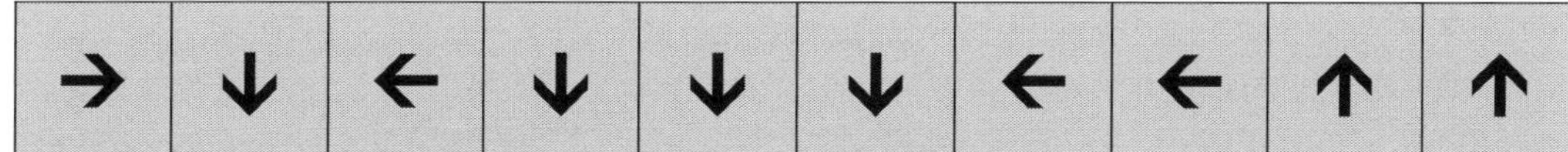

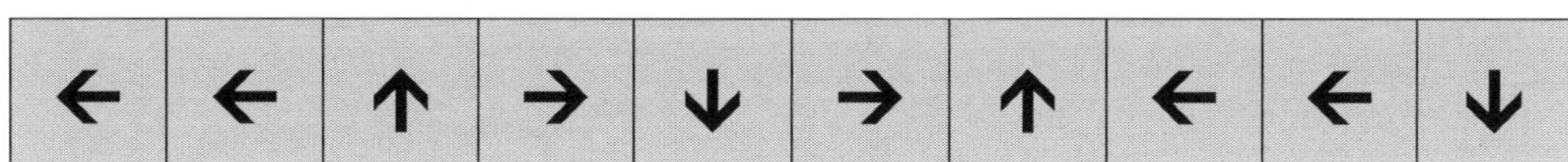

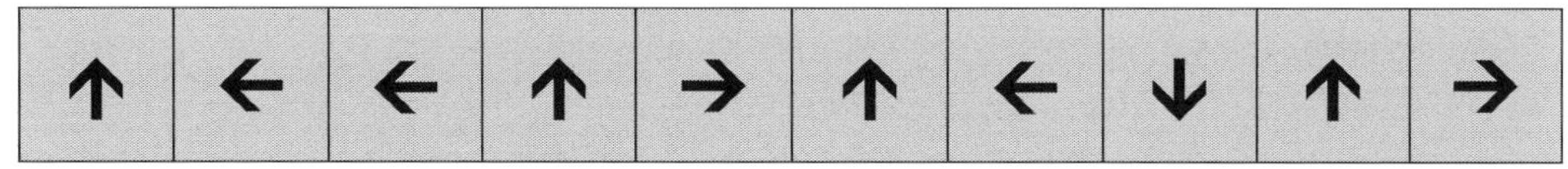

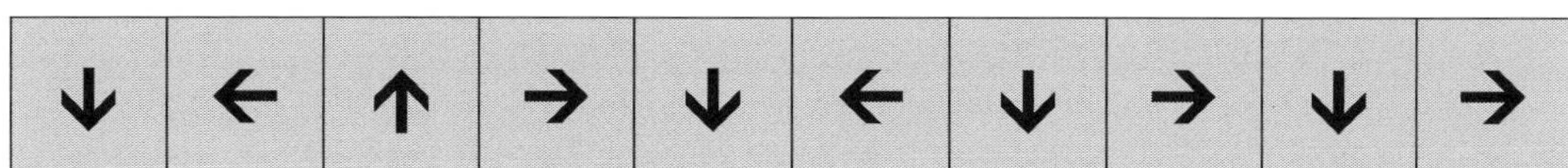

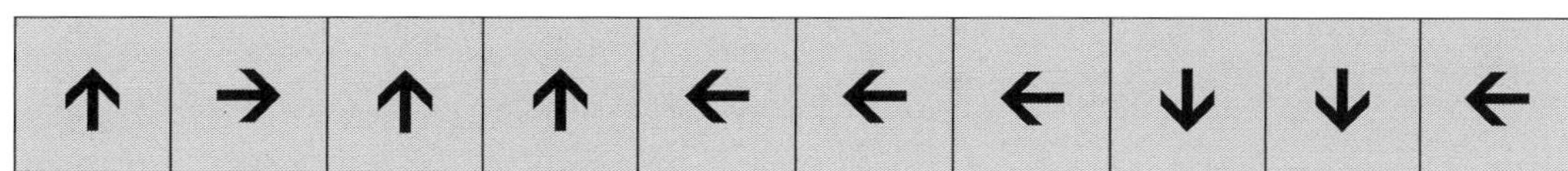

Das Datum für die Feier: ___ ___ . ___ ___ . Die Uhrzeit: ___ ___ Uhr.

Würfelnetz 2

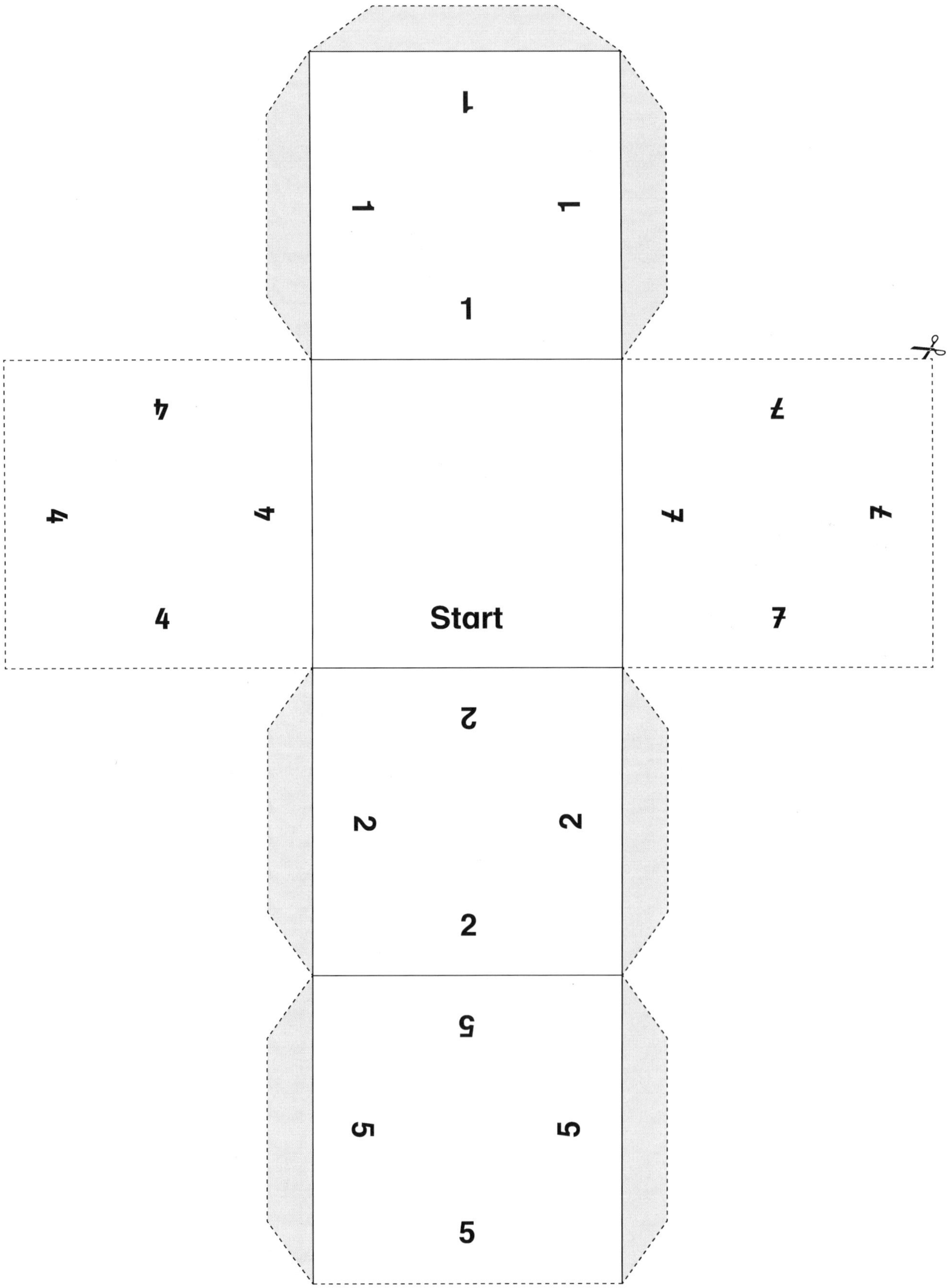

1

1 1

1

4 Start 7

4 4 7 7

4 7

2

2 2

2

5

5 5

5

Waldplan 1

 Lies die Nachricht.

 Verfolge den Weg durch den Wald.

 Welche Lichtung ist das Ziel? ______________________________

Wenn du zu der Lichtung kommen willst, die das Reh vorschlägt, musst du zuerst am Baumstamm nach rechts gehen. Biege dann in den zweiten Waldweg ein, der nach links führt. Ignoriere die Wege, die nach rechts abbiegen. Am Ende des Weges kommst du zu einem Holzschild. Gehe hier nach links und bei der nächsten Möglichkeit nach rechts. Du läufst auf eine Sitzbank zu, doch: Keine Zeit zum Ausruhen!
Gehe nach links und nimm dann den ersten möglichen Weg nach rechts. Nun geht es eine Weile geradeaus und du überquerst den Fluss über eine Holzbrücke. Biege nach dem Holzstamm nach links ab. Nimm den dritten Waldweg, der nach links führt. Juhu, nun hast du die Lichtung erreicht!
Was steht auf der Lichtung?

Es ist die Lichtung mit der ______________.

Waldplan 2

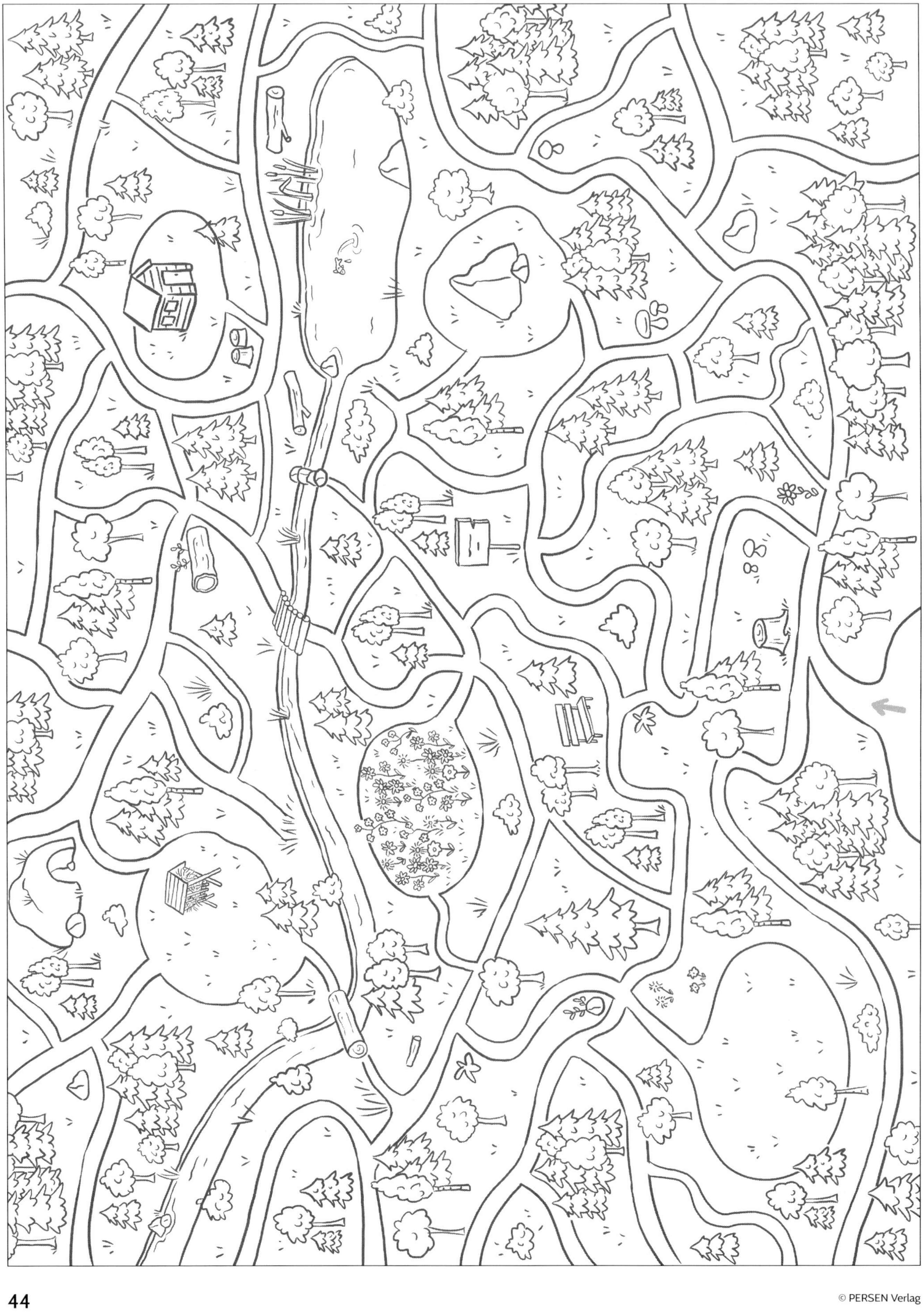

Geheimnisvolles Bild

Male in jeder Reihe die Kästchen wie vorgegeben aus. Also in der ersten Reihe vier Felder grau, dann eins grün und wieder vier Felder grau.

Code:

4 grau	1 grün	4 grau				
3 grau	3 grün	3 grau				
3 grau	1 grün	1 gelb	1 grün	3 grau		
2 grau	1 grün	1 orange	3 grün	2 grau		
2 grau	3 grün	1 gelb	1 grün	2 grau		
1 grau	1 grün	1 blau	5 grün	1 grau		
1 grau	2 grün	1 gelb	2 grün	1 orange	1 grün	1 grau
5 grün	1 blau	3 grün				
2 grün	1 orange	4 grün	1 gelb	1 grün		
4 grau	1 braun	4 grau				

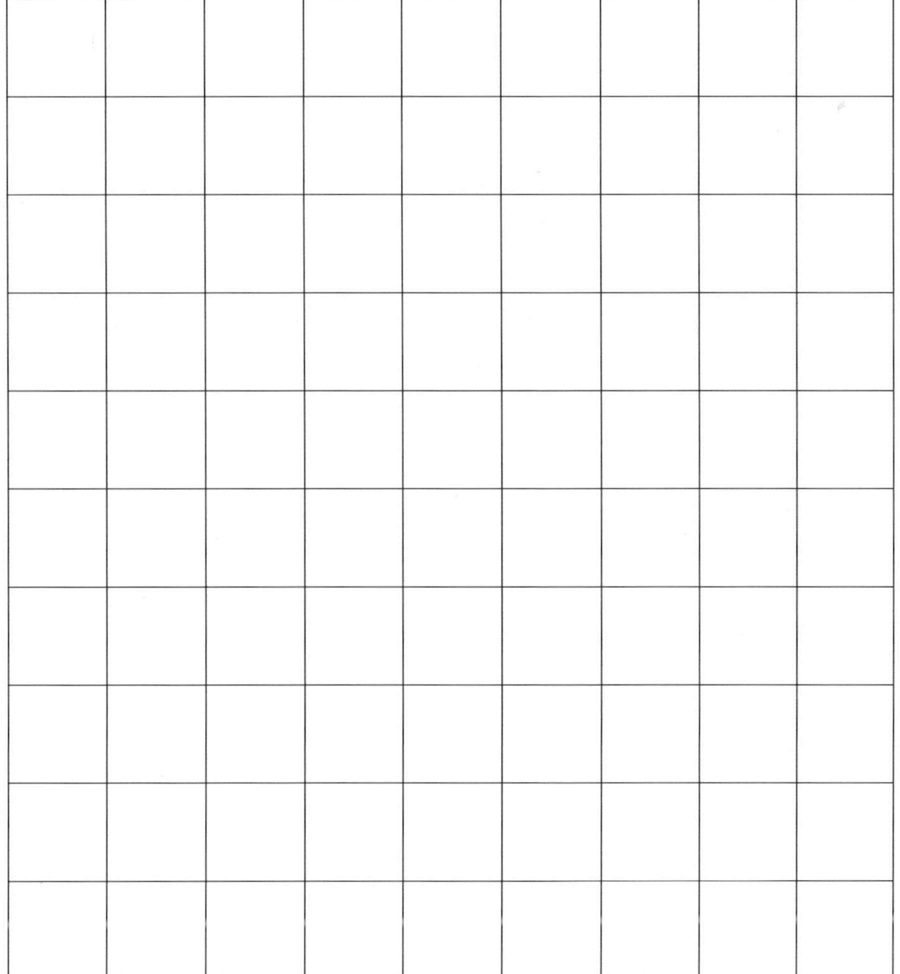

Schmucksuchbild

 Schaue dir beide Bilder an.

Finde die zehn Unterschiede.

Sie verraten dir den Baumschmuck der Tiere:

Tannentangram

Schneide die Formen aus. Lege sie richtig zusammen und klebe sie dann auf ein weißes Blatt.

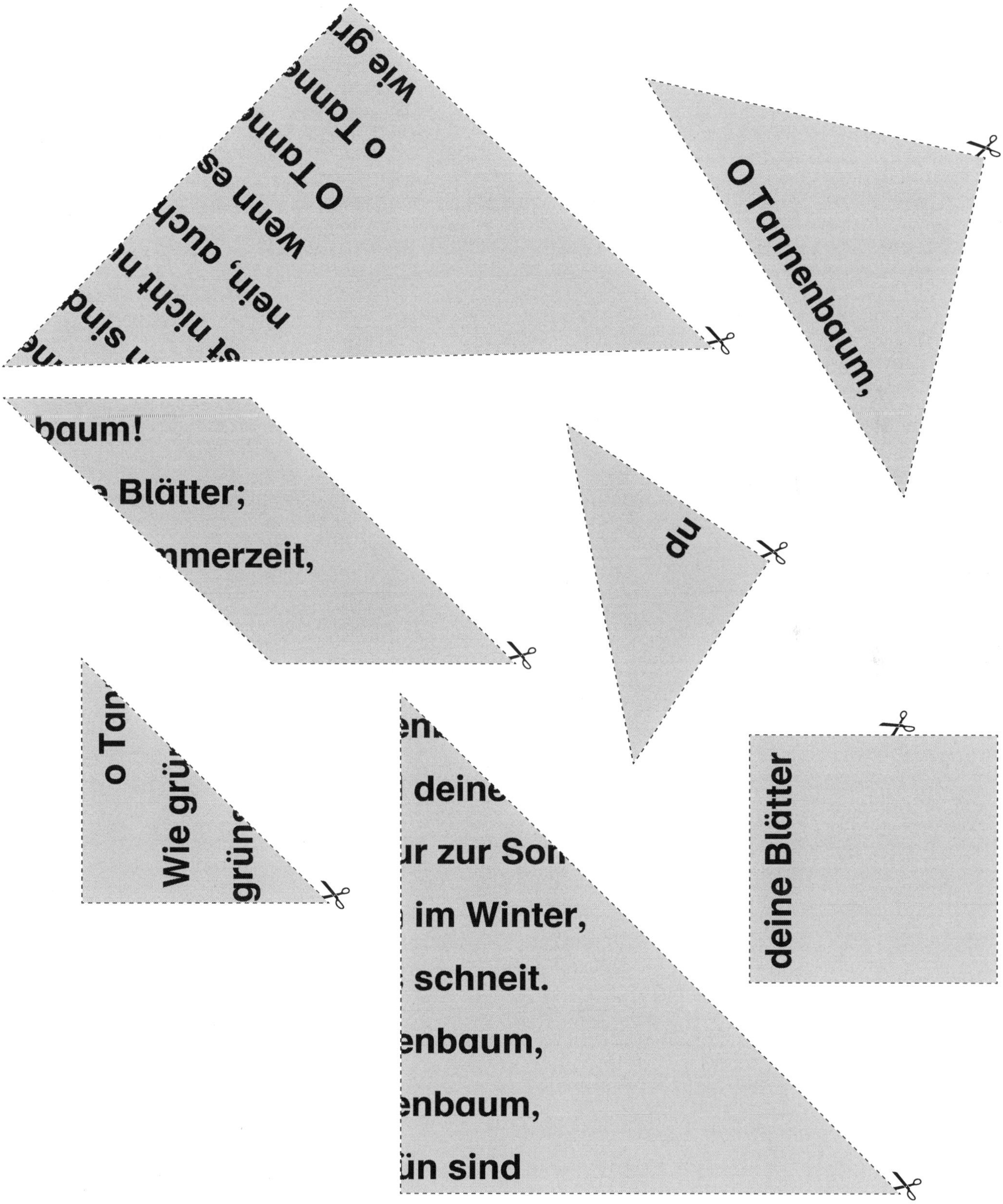

Wie grü
o Tanne
O Tann
wenn es
nein, auch
t nicht nu
sind

O Tannenbaum,

baum!
Blätter;
mmerzeit,

du

o Tan
Wie grü
grün

en
deine
ur zur Son
im Winter,
schneit.
enbaum,
enbaum,
ün sind

deine Blätter

Dieses Lied meint das Eichhörnchen: ______________________________

Geschenketombola 1

Schaue dir das Bild an. Die Beschriftung der Tiere fehlt.

Trage die Namen der Tiere an der richtigen Stelle ein.

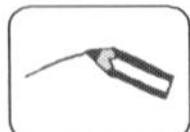

Verbinde jeweils nach dem Alphabet:
1. Tiere, die in Winterstarre fallen
2. Tiere, die Winterschlaf halten

Dann kannst du ablesen, wie viele Geschenke für die Tombola besorgt werden sollen.

Fledermaus	Murmeltier	Fisch	Igel	Siebenschläfer
Frosch	Haselmaus	Schlange	Hamster	Eidechse

Geschenketombola 2

Legestern 1

 Schneide die Teile aus.

 Lege sie richtig zusammen.

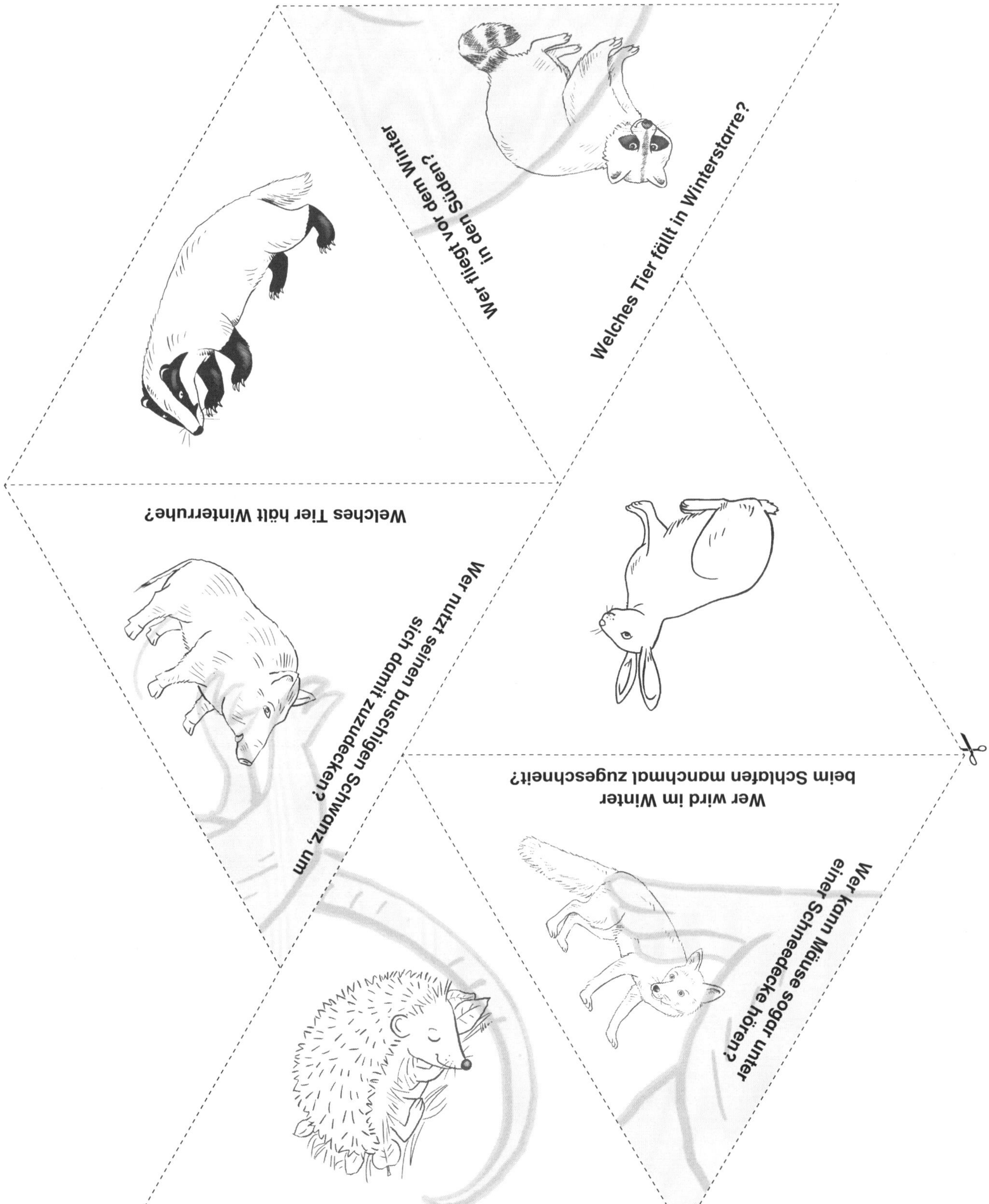

Wer fliegt vor dem Winter in den Süden?

Welches Tier fällt in Winterstarre?

Welches Tier hält Winterruhe?

Wer nutzt seinen buschigen Schwanz, um sich damit zuzudecken?

Wer wird im Winter beim Schlafen manchmal zugeschneit?

Wer kann Mäuse sogar unter einer Schneedecke hören?

Legestern 2

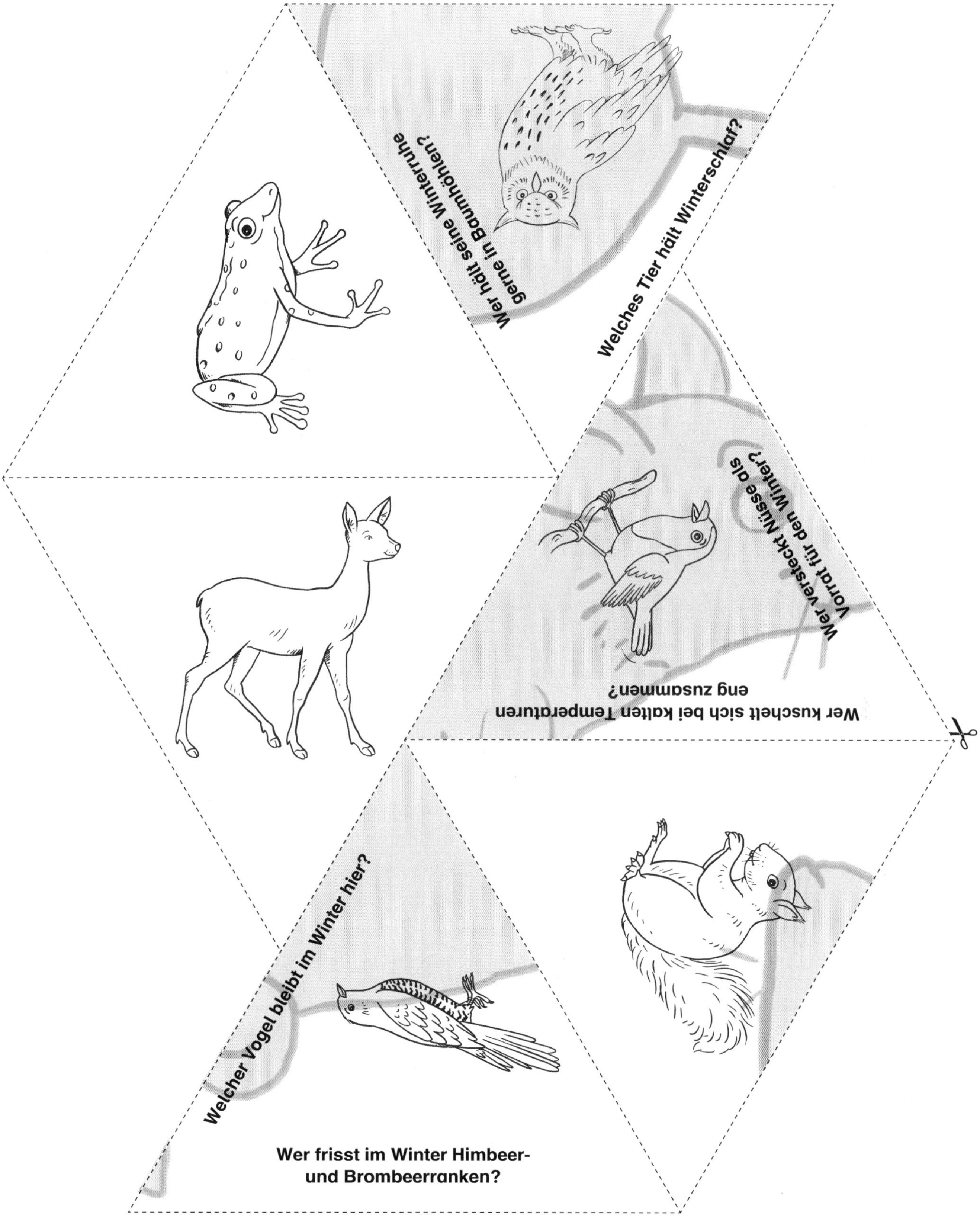

Wer hält seine Winterruhe gerne in Baumhöhlen?

Welches Tier hält Winterschlaf?

Wer versteckt Nüsse als Vorrat für den Winter?

Wer kuschelt sich bei kalten Temperaturen eng zusammen?

Welcher Vogel bleibt im Winter hier?

Wer frisst im Winter Himbeer- und Brombeerranken?

Tiere im Winter

Befülle die Tabelle.

  Schneide die Bildkarten aus. Klebe sie an die passende Stelle.

Was bleibt übrig?

 ______________________________

Name	Verhalten im Winter	Aufenthaltsort	Nahrung im Winter
Bär			
Eichelhäher			
Eichhörnchen			
Fledermaus			

Winterruhe

Winterruhe

im Winter aktiv

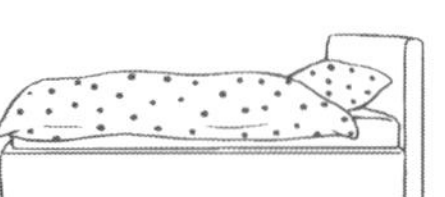
Winterschlaf

Kobel

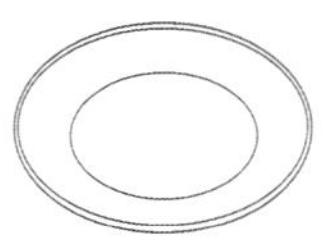
frisst nichts

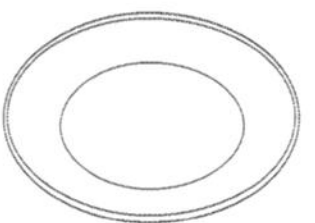
frisst nichts

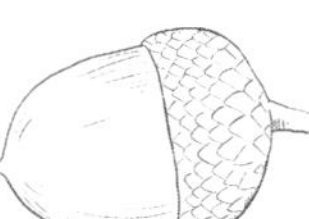
Eichel

Nüsse

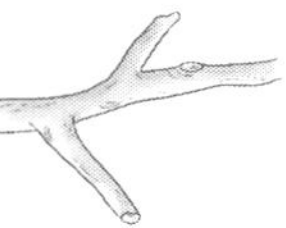
Ast

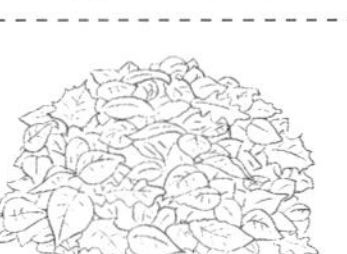
Laubhaufen

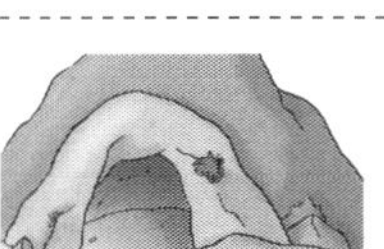
Höhle

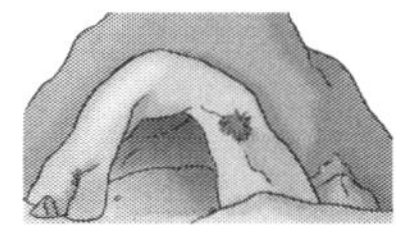
Höhle

Nachricht im Licht

 Schneide das Feld mit der Geheimbotschaft aus.

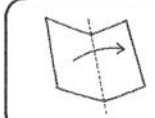 Falte das obere und das untere Drittel nach hinten. Die kleinen, grauen Linien zeigen dir, wo du falten musst.

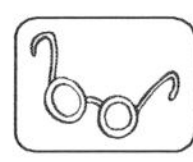 Welche Nachricht ist zu sehen?

 Tipp: Halte die Botschaft nun vor ein helles Licht / eine Taschenlampe.

CH ∩̤И HE

I W SC

U H ÖN

NT F RI

WI Eꓤ E EИi

E C ƧCH E

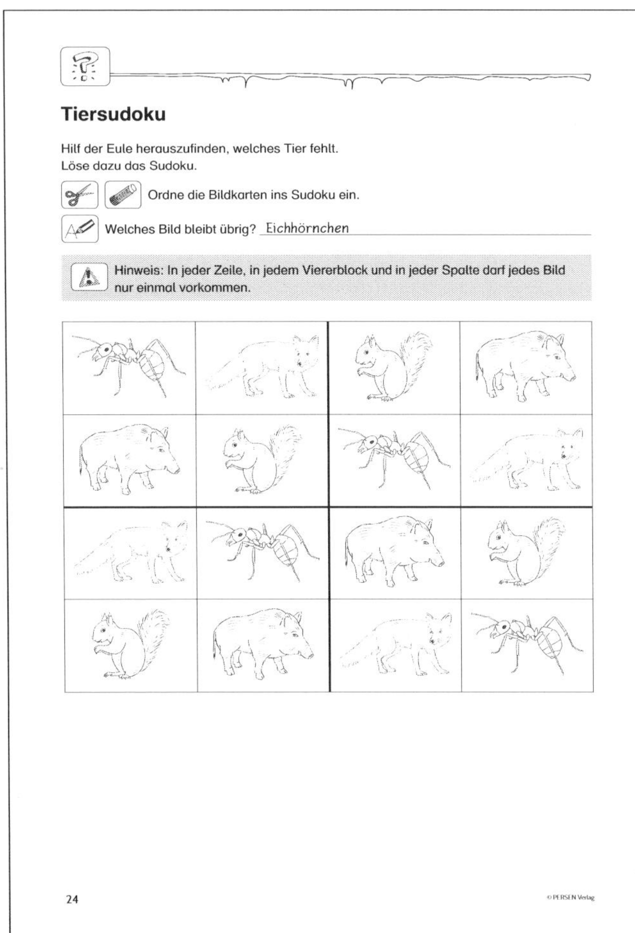

Tiersudoku

Hilf der Eule herauszufinden, welches Tier fehlt.
Löse dazu das Sudoku.

Ordne die Bildkarten ins Sudoku ein.

Welches Bild bleibt übrig? Eichhörnchen

Hinweis: In jeder Zeile, in jedem Viererblock und in jeder Spalte darf jedes Bild nur einmal vorkommen.

24 © PERSEN Verlag

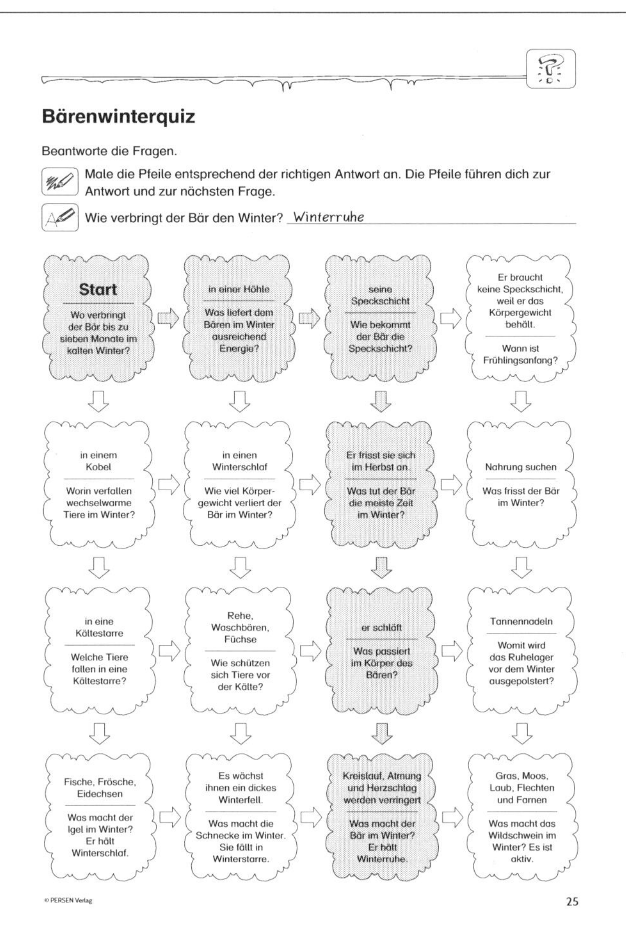

Bärenwinterquiz

Beantworte die Fragen.

Male die Pfeile entsprechend der richtigen Antwort an. Die Pfeile führen dich zur Antwort und zur nächsten Frage.

Wie verbringt der Bär den Winter? Winterruhe

© PERSEN Verlag 25

Dachs-QR-Code

Male die Felder mit den Zahlen 1 und 3 schwarz an.

Nimm dir ein Smartphone oder ein Tablet.
Öffne die Kamera und scanne den QR-Code.

Zu welcher Tierfamilie gehört der Dachs?
Der Dachs gehört zur Familie der Marder.

26 © PERSEN Verlag

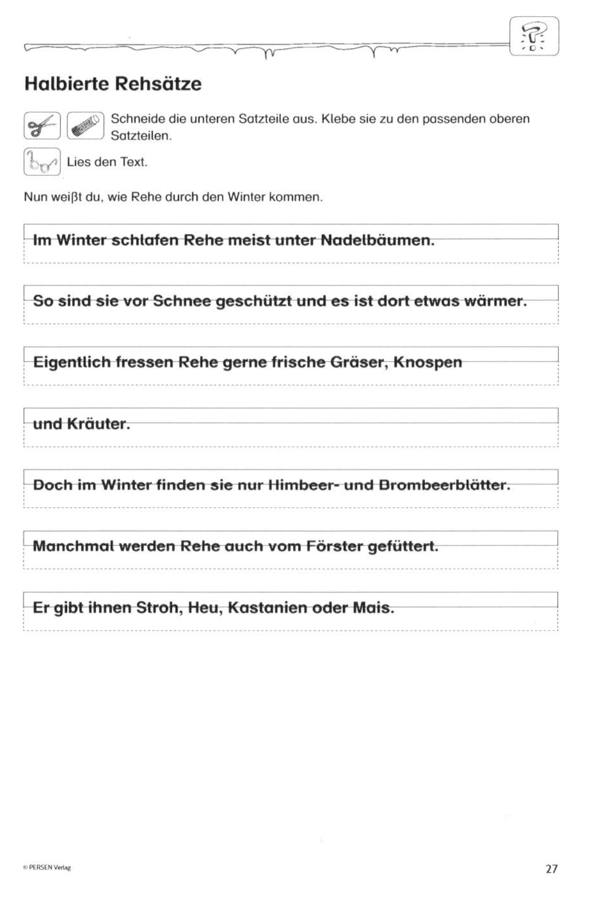

Halbierte Rehsätze

Schneide die unteren Satzteile aus. Klebe sie zu den passenden oberen Satzteilen.

Lies den Text.

Nun weißt du, wie Rehe durch den Winter kommen.

Im Winter schlafen Rehe meist unter Nadelbäumen.

So sind sie vor Schnee geschützt und es ist dort etwas wärmer.

Eigentlich fressen Rehe gerne frische Gräser, Knospen

und Kräuter.

Doch im Winter finden sie nur Himbeer- und Brombeerblätter.

Manchmal werden Rehe auch vom Förster gefüttert.

Er gibt ihnen Stroh, Heu, Kastanien oder Mais.

© PERSEN Verlag 27

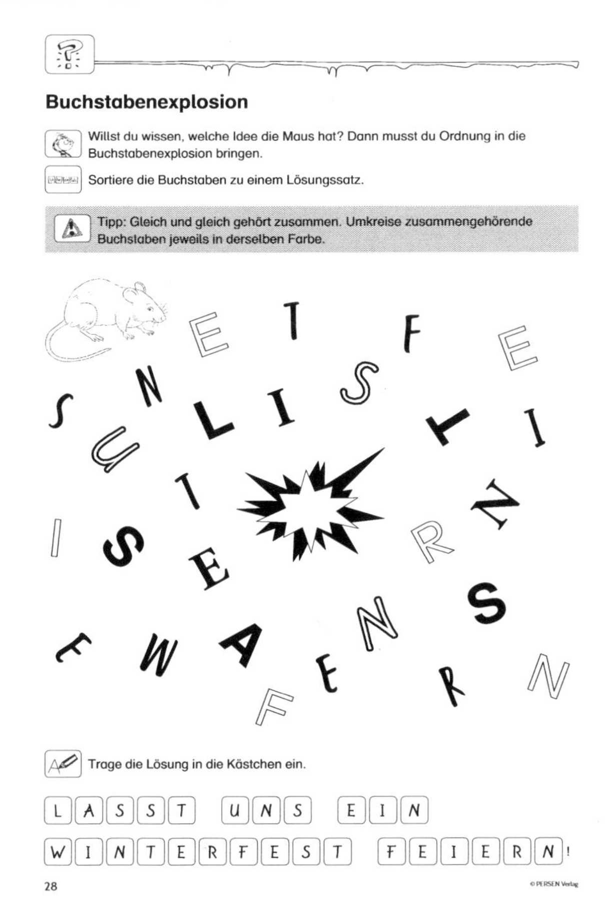

Buchstabenexplosion

Willst du wissen, welche Idee die Maus hat? Dann musst du Ordnung in die Buchstabenexplosion bringen.

Sortiere die Buchstaben zu einem Lösungssatz.

Tipp: Gleich und gleich gehört zusammen. Umkreise zusammengehörende Buchstaben jeweils in derselben Farbe.

Trage die Lösung in die Kästchen ein.

LASST UNS EIN WINTERFEST FEIERN!

28 © PERSEN Verlag

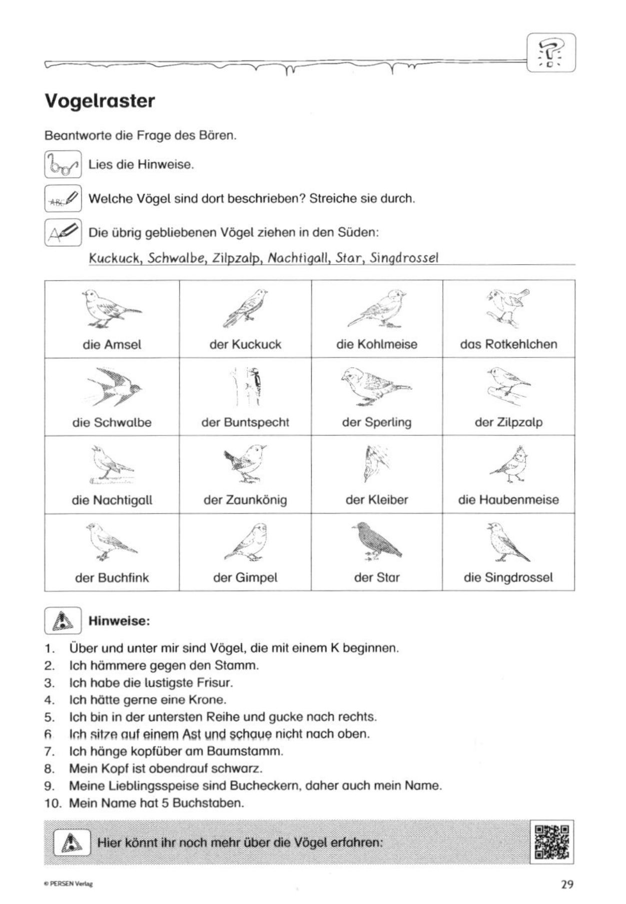

Vogelraster

Beantworte die Frage des Bären.

Lies die Hinweise.

Welche Vögel sind dort beschrieben? Streiche sie durch.

Die übrig gebliebenen Vögel ziehen in den Süden:

Kuckuck, Schwalbe, Zilpzalp, Nachtigall, Star, Singdrossel

die Amsel	der Kuckuck	die Kohlmeise	das Rotkehlchen
die Schwalbe	der Buntspecht	der Sperling	der Zilpzalp
die Nachtigall	der Zaunkönig	der Kleiber	die Haubenmeise
der Buchfink	der Gimpel	der Star	die Singdrossel

Hinweise:

1. Über und unter mir sind Vögel, die mit einem K beginnen.
2. Ich hämmere gegen den Stamm.
3. Ich habe die lustigste Frisur.
4. Ich hätte gerne eine Krone.
5. Ich bin in der untersten Reihe und gucke nach rechts.
6. Ich sitze auf einem Ast und schaue nicht nach oben.
7. Ich hänge kopfüber am Baumstamm.
8. Mein Kopf ist obendrauf schwarz.
9. Meine Lieblingsspeise sind Bucheckern, daher auch mein Name.
10. Mein Name hat 5 Buchstaben.

Hier könnt ihr noch mehr über die Vögel erfahren:

© PERSEN Verlag 29

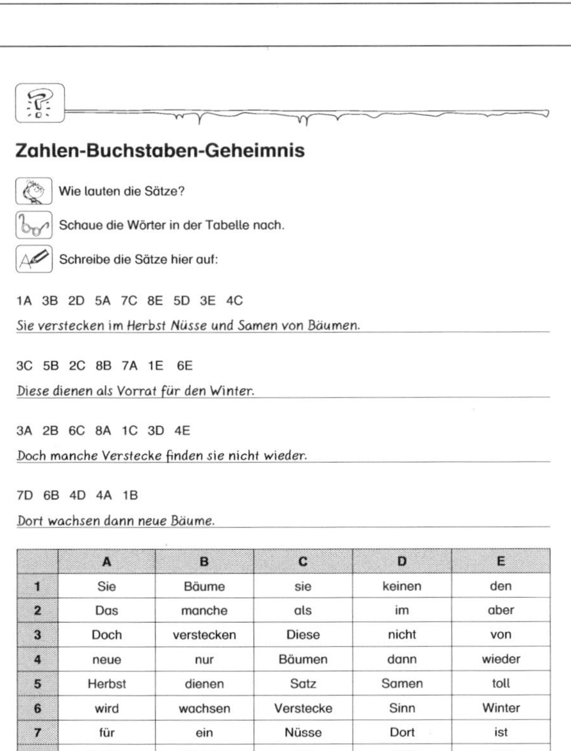

Zahlen-Buchstaben-Geheimnis

Wie lauten die Sätze?

Schaue die Wörter in der Tabelle nach.

Schreibe die Sätze hier auf:

1A 3B 2D 5A 7C 8E 5D 3E 4C

Sie verstecken im Herbst Nüsse und Samen von Bäumen.

3C 5B 2C 8B 7A 1E 6E

Diese dienen als Vorrat für den Winter.

3A 2B 6C 8A 1C 3D 4E

Doch manche Verstecke finden sie nicht wieder.

7D 6B 4D 4A 1B

Dort wachsen dann neue Bäume.

	A	B	C	D	E
1	Sie	Bäume	sie	keinen	den
2	Das	manche	als	im	aber
3	Doch	verstecken	Diese	nicht	von
4	neue	nur	Bäumen	dann	wieder
5	Herbst	dienen	Satz	Samen	toll
6	wird	wachsen	Verstecke	Sinn	Winter
7	für	ein	Nüsse	Dort	ist
8	finden	Vorrat	der	ergibt	und

30 © PERSEN Verlag

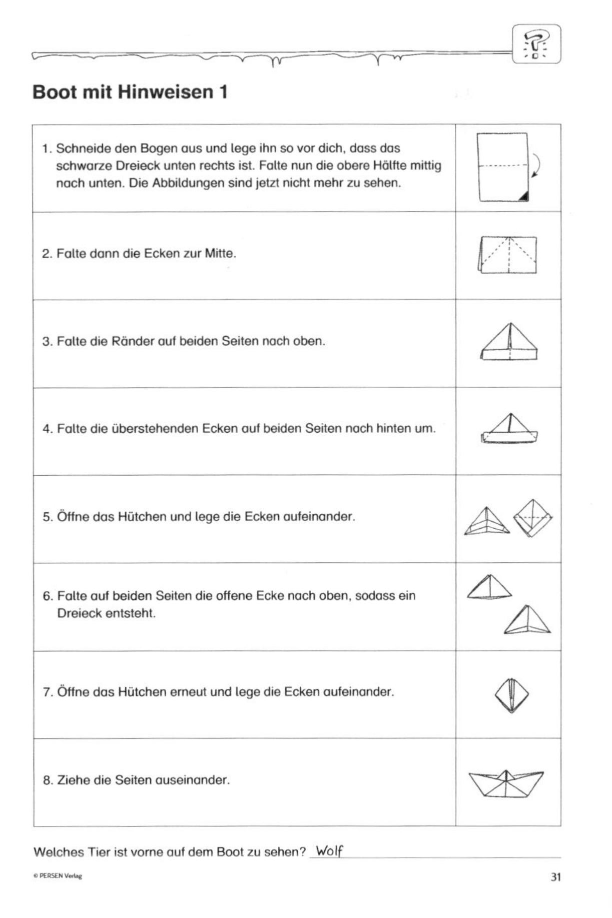

Boot mit Hinweisen 1

1. Schneide den Bogen aus und lege ihn so vor dich, dass das schwarze Dreieck unten rechts ist. Falte nun die obere Hälfte mittig nach unten. Die Abbildungen sind jetzt nicht mehr zu sehen.
2. Falte dann die Ecken zur Mitte.
3. Falte die Ränder auf beiden Seiten nach oben.
4. Falte die überstehenden Ecken auf beiden Seiten nach hinten um.
5. Öffne das Hütchen und lege die Ecken aufeinander.
6. Falte auf beiden Seiten die offene Ecke nach oben, sodass ein Dreieck entsteht.
7. Öffne das Hütchen erneut und lege die Ecken aufeinander.
8. Ziehe die Seiten auseinander.

Welches Tier ist vorne auf dem Boot zu sehen? *Wolf*

© PERSEN Verlag 31

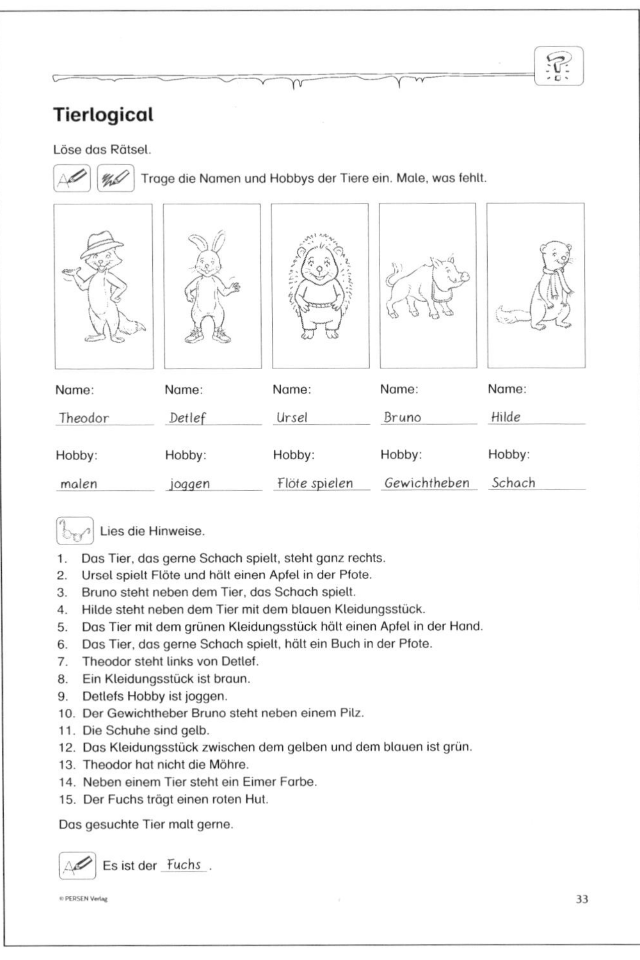

Tierlogical

Löse das Rätsel.

Trage die Namen und Hobbys der Tiere ein. Male, was fehlt.

Name:	Name:	Name:	Name:	Name:
Theodor	Detlef	Ursel	Bruno	Hilde
Hobby:	Hobby:	Hobby:	Hobby:	Hobby:
malen	joggen	Flöte spielen	Gewichtheben	Schach

Lies die Hinweise.

1. Das Tier, das gerne Schach spielt, steht ganz rechts.
2. Ursel spielt Flöte und hält einen Apfel in der Pfote.
3. Bruno steht neben dem Tier, das Schach spielt.
4. Hilde steht neben dem Tier mit dem blauen Kleidungsstück.
5. Das Tier mit dem grünen Kleidungsstück hält einen Apfel in der Hand.
6. Das Tier, das gerne Schach spielt, hält ein Buch in der Pfote.
7. Theodor steht links von Detlef.
8. Ein Kleidungsstück ist braun.
9. Detlefs Hobby ist joggen.
10. Der Gewichtheber Bruno steht neben einem Pilz.
11. Die Schuhe sind gelb.
12. Das Kleidungsstück zwischen dem gelben und dem blauen ist grün.
13. Theodor hat nicht die Möhre.
14. Neben einem Tier steht ein Eimer Farbe.
15. Der Fuchs trägt einen roten Hut.

Das gesuchte Tier malt gerne.

Es ist der Fuchs.

© PERSEN Verlag 33

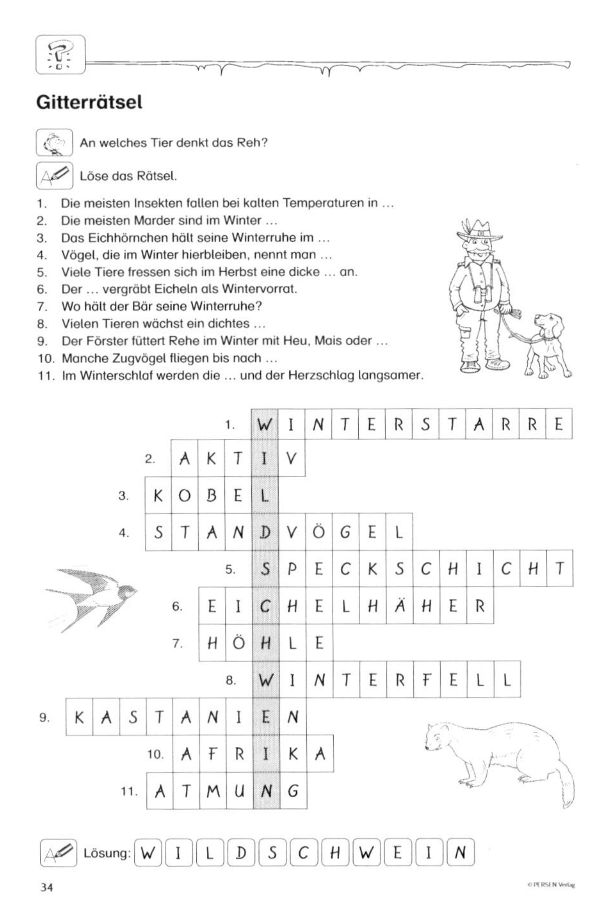

Gitterrätsel

An welches Tier denkt das Reh?

Löse das Rätsel.

1. Die meisten Insekten fallen bei kalten Temperaturen in …
2. Die meisten Marder sind im Winter …
3. Das Eichhörnchen hält seine Winterruhe im …
4. Vögel, die im Winter hierbleiben, nennt man …
5. Viele Tiere fressen sich im Herbst eine dicke … an.
6. Der … vergräbt Eicheln als Wintervorrat.
7. Wo hält der Bär seine Winterruhe?
8. Vielen Tieren wächst ein dichtes …
9. Der Förster füttert Rehe im Winter mit Heu, Mais oder …
10. Manche Zugvögel fliegen bis nach …
11. Im Winterschlaf werden die … und der Herzschlag langsamer.

1. WINTERSTARRE
2. AKTIV
3. KOBEL
4. STANDVÖGEL
5. SPECKSCHICHT
6. EICHELHÄHER
7. HÖHLE
8. WINTERFELL
9. KASTANIEN
10. AFRIKA
11. ATMUNG

Lösung: W I L D S C H W E I N

34 © PERSEN Verlag

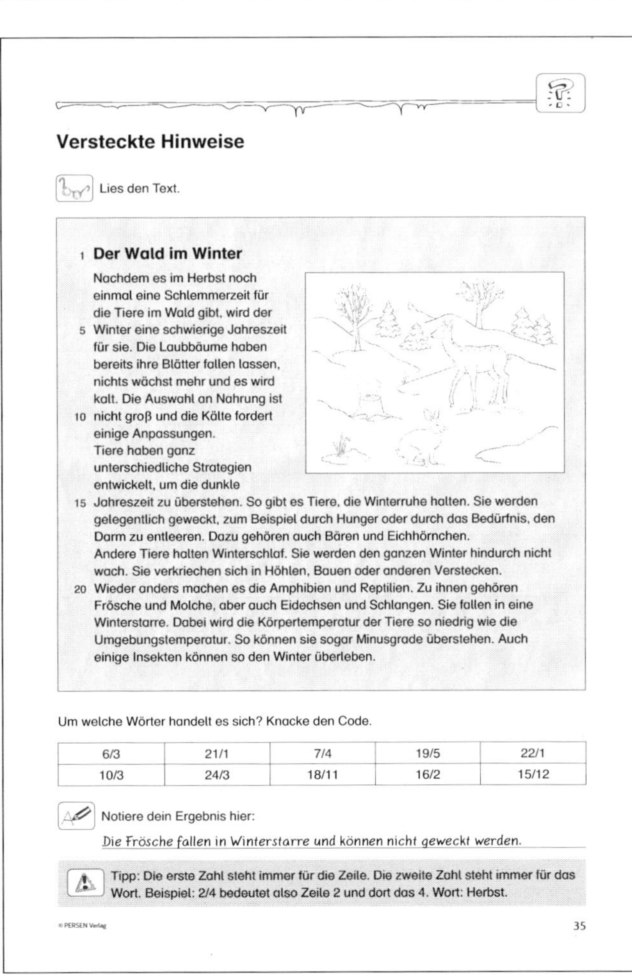

Versteckte Hinweise

Lies den Text.

Der Wald im Winter

Nachdem es im Herbst noch einmal eine Schlemmerzeit für die Tiere im Wald gibt, wird der Winter eine schwierige Jahreszeit für sie. Die Laubbäume haben bereits ihre Blätter fallen lassen, nichts wächst mehr und es wird kalt. Die Auswahl an Nahrung ist nicht groß und die Kälte fordert einige Anpassungen. Tiere haben ganz unterschiedliche Strategien entwickelt, um die dunkle Jahreszeit zu überstehen. So gibt es Tiere, die Winterruhe halten. Sie werden gelegentlich geweckt, zum Beispiel durch Hunger oder durch das Bedürfnis, den Darm zu entleeren. Dazu gehören auch Bären und Eichhörnchen.
Andere Tiere halten Winterschlaf. Sie werden den ganzen Winter hindurch nicht wach. Sie verkriechen sich in Höhlen, Bauen oder anderen Verstecken.
Wieder anders machen es die Amphibien und Reptilien. Zu ihnen gehören Frösche und Molche, aber auch Eidechsen und Schlangen. Sie fallen in eine Winterstarre. Dabei wird die Körpertemperatur der Tiere so niedrig wie die Umgebungstemperatur. So können sie sogar Minusgrade überstehen. Auch einige Insekten können so den Winter überleben.

Um welche Wörter handelt es sich? Knacke den Code.

6/3	21/1	7/4	19/5	22/1
10/3	24/3	18/11	16/2	15/12

Notiere dein Ergebnis hier:

Die Frösche fallen in Winterstarre und können nicht geweckt werden.

Tipp: Die erste Zahl steht immer für die Zeile. Die zweite Zahl steht immer für das Wort. Beispiel: 2/4 bedeutet also Zeile 2 und dort das 4. Wort: Herbst.

© PERSEN Verlag 35

Winterlabyrinth

Wie findet das Eichhörnchen zu seinem Kobel?

Die Tiere auf dem Weg des Eichhörnchens fallen im Winter in eine Winterstarre.
Schreibe sie hier auf: Schlange, Schnecke, Frosch, Kröte, Eidechse, Blindschleiche, Ameise, Marienkäfer, Schmetterling, Molch

36 © PERSEN Verlag

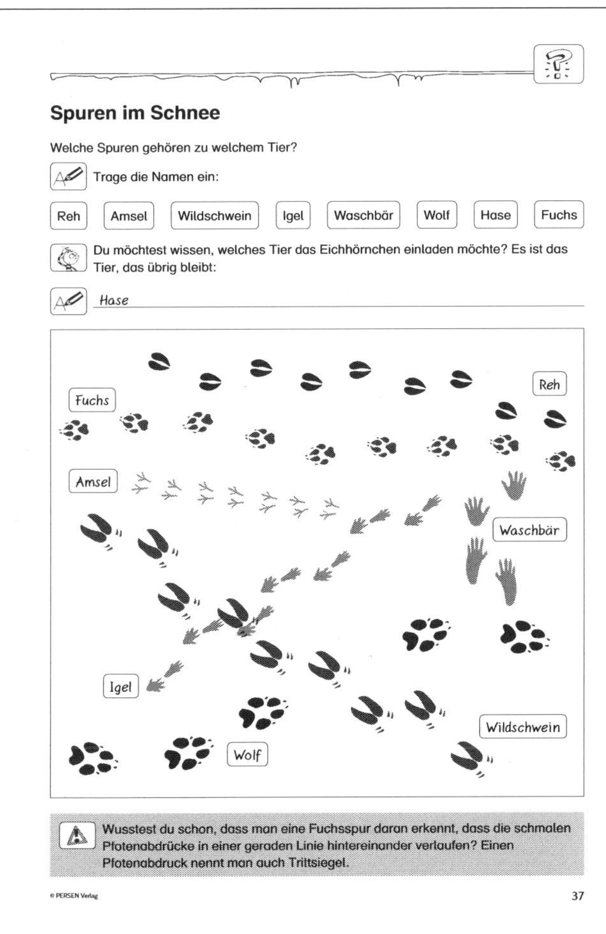
Spuren im Schnee
Welche Spuren gehören zu welchem Tier?
Trage die Namen ein:
Reh
Amsel
Wildschwein
Igel
Waschbär
Wolf
Hase
Fuchs
Du möchtest wissen, welches Tier das Eichhörnchen einladen möchte? Es ist das Tier, das übrig bleibt:
Hase
Fuchs
Reh
Amsel
Waschbär
Igel
Wildschwein
Wolf
Wusstest du schon, dass man eine Fuchsspur daran erkennt, dass die schmalen Pfotenabdrücke in einer geraden Linie hintereinander verlaufen? Einen Pfotenabdruck nennt man auch Trittsiegel.
37

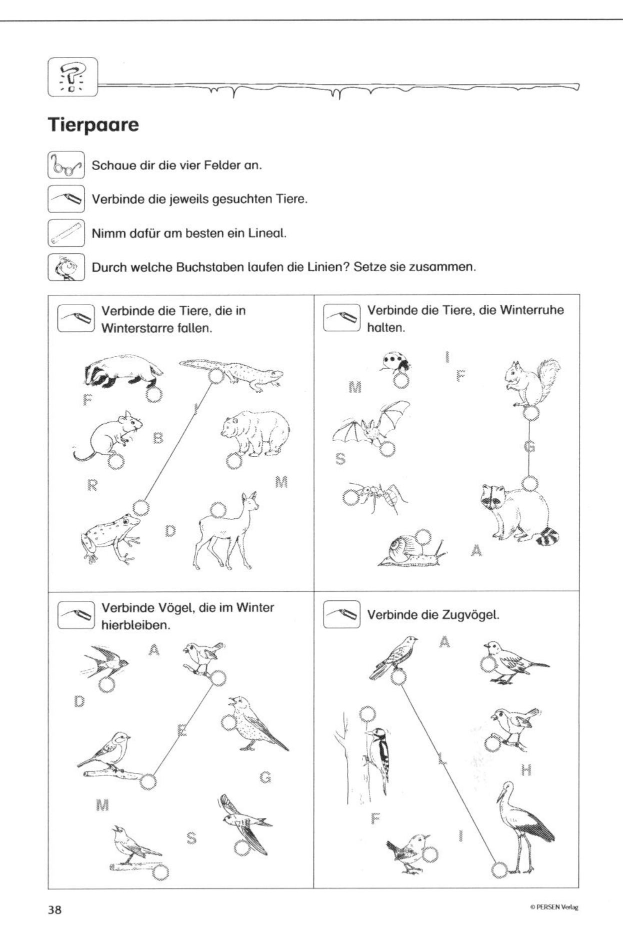
Tierpaare
Schaue dir die vier Felder an.
Verbinde die jeweils gesuchten Tiere.
Nimm dafür am besten ein Lineal.
Durch welche Buchstaben laufen die Linien? Setze sie zusammen.
Verbinde die Tiere, die in Winterstarre fallen.
Verbinde die Tiere, die Winterruhe halten.
Verbinde Vögel, die im Winter hierbleiben.
Verbinde die Zugvögel.
38

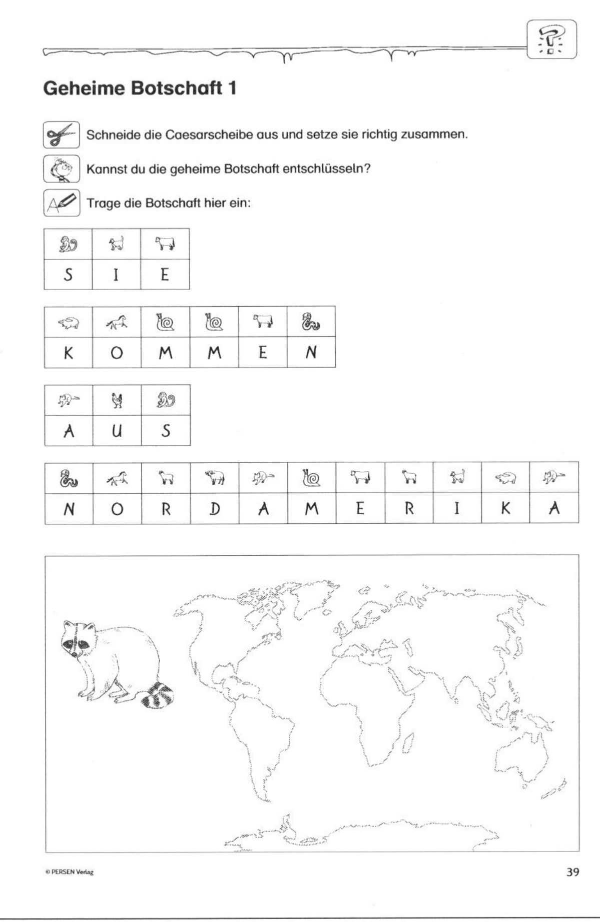
Geheime Botschaft 1
Schneide die Caesarscheibe aus und setze sie richtig zusammen.
Kannst du die geheime Botschaft entschlüsseln?
Trage die Botschaft hier ein:
S I E
K O M M E N
A U S
N O R D A M E R I K A
39

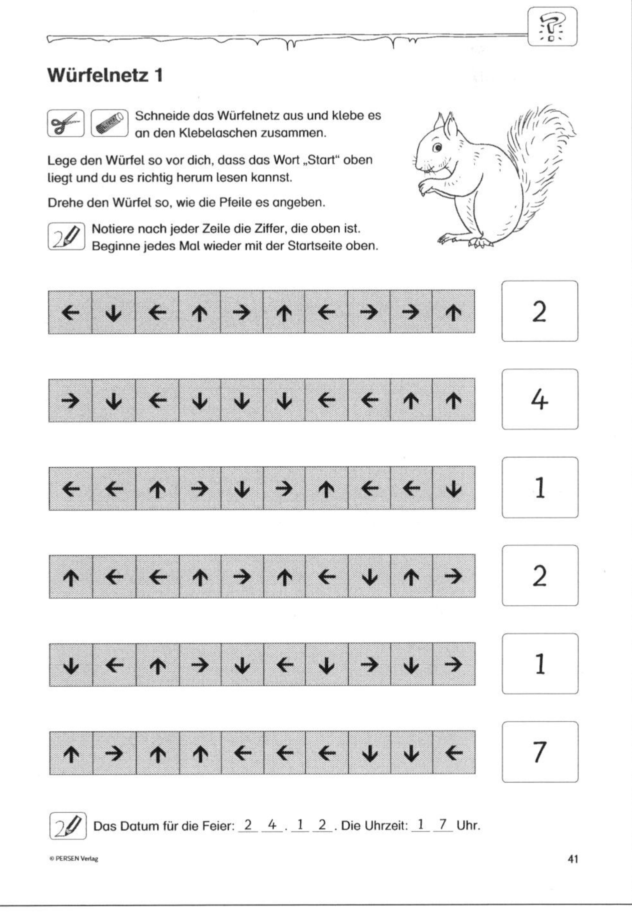
Würfelnetz 1
Schneide das Würfelnetz aus und klebe es an den Klebelaschen zusammen.
Lege den Würfel so vor dich, dass das Wort „Start" oben liegt und du es richtig herum lesen kannst.
Drehe den Würfel so, wie die Pfeile es angeben.
Notiere nach jeder Zeile die Ziffer, die oben ist. Beginne jedes Mal wieder mit der Startseite oben.
2
4
1
2
1
7
Das Datum für die Feier: 2 4 . 1 2 . Die Uhrzeit: 1 7 Uhr.
41

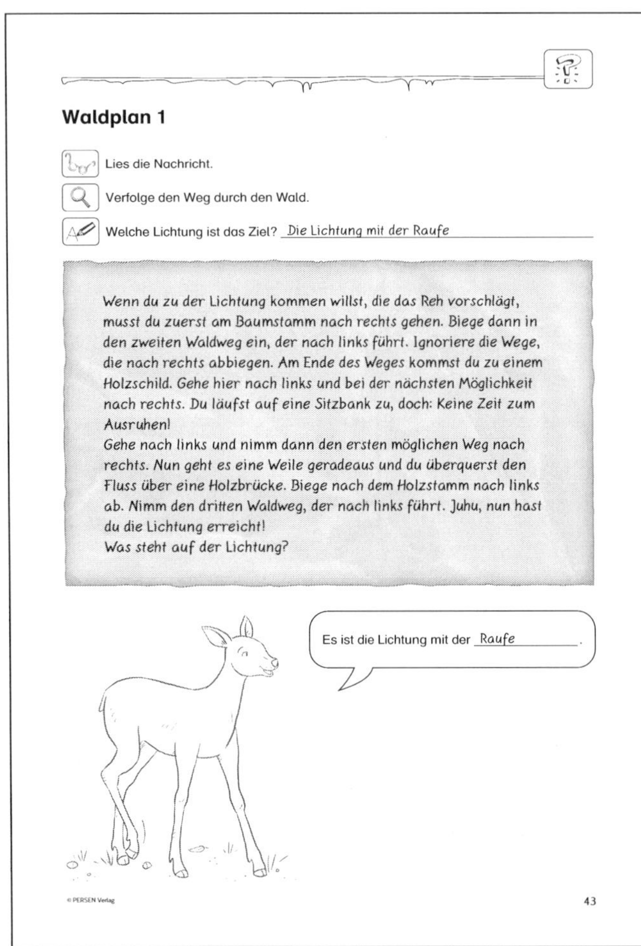

Waldplan 1

Lies die Nachricht.

Verfolge den Weg durch den Wald.

Welche Lichtung ist das Ziel? Die Lichtung mit der Raufe

Wenn du zu der Lichtung kommen willst, die das Reh vorschlägt, musst du zuerst am Baumstamm nach rechts gehen. Biege dann in den zweiten Waldweg ein, der nach links führt. Ignoriere die Wege, die nach rechts abbiegen. Am Ende des Weges kommst du zu einem Holzschild. Gehe hier nach links und bei der nächsten Möglichkeit nach rechts. Du läufst auf eine Sitzbank zu, doch: Keine Zeit zum Ausruhen!
Gehe nach links und nimm dann den ersten möglichen Weg nach rechts. Nun geht es eine Weile geradeaus und du überquerst den Fluss über eine Holzbrücke. Biege nach dem Holzstamm nach links ab. Nimm den dritten Waldweg, der nach links führt. Juhu, nun hast du die Lichtung erreicht!
Was steht auf der Lichtung?

Es ist die Lichtung mit der Raufe.

© PERSEN Verlag 43

Waldplan 2

44 © PERSEN Verlag

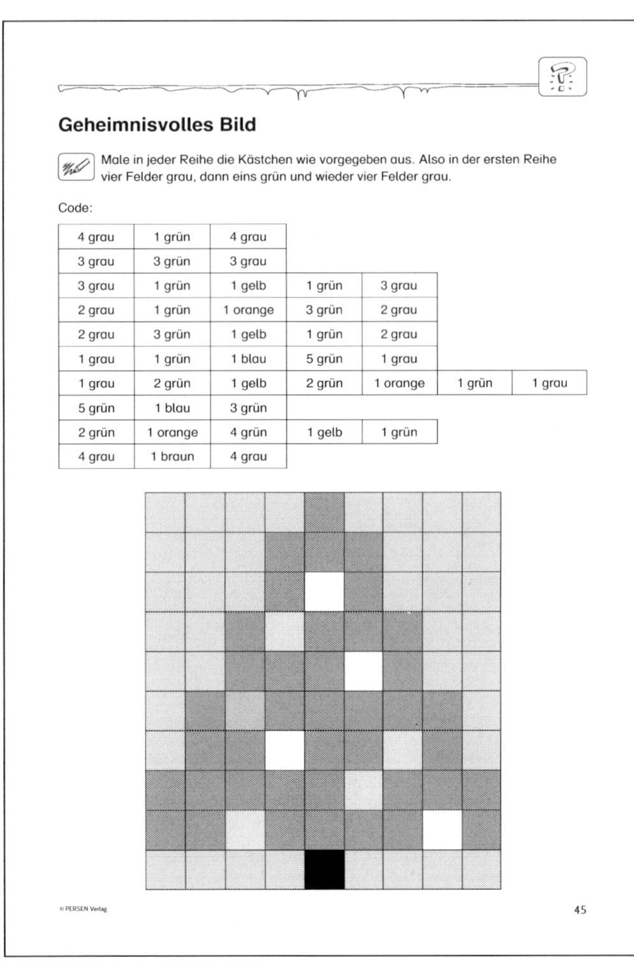

Geheimnisvolles Bild

Male in jeder Reihe die Kästchen wie vorgegeben aus. Also in der ersten Reihe vier Felder grau, dann eins grün und wieder vier Felder grau.

Code:

4 grau	1 grün	4 grau				
3 grau	3 grün	3 grau				
3 grau	1 grün	1 gelb	1 grün	3 grau		
2 grau	1 grün	1 orange	3 grün	2 grau		
2 grau	3 grün	1 gelb	1 grün	2 grau		
1 grau	1 grün	1 blau	5 grün	1 grau		
1 grau	2 grün	1 gelb	2 grün	1 orange	1 grün	1 grau
5 grün	1 blau	3 grün				
2 grün	1 orange	4 grün	1 gelb	1 grün		
4 grau	1 braun	4 grau				

© PERSEN Verlag 45

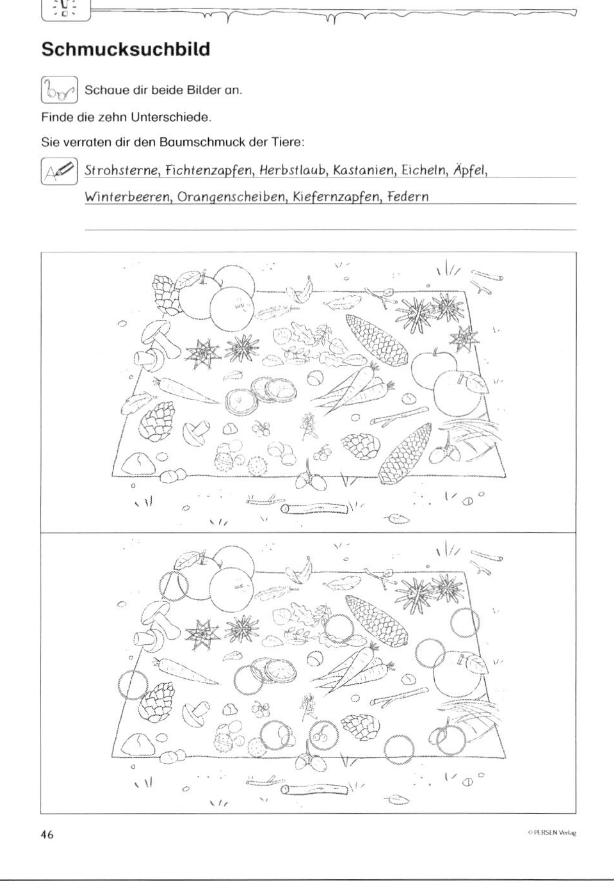

Schmucksuchbild

Schaue dir beide Bilder an.

Finde die zehn Unterschiede.

Sie verraten dir den Baumschmuck der Tiere:

Strohsterne, Fichtenzapfen, Herbstlaub, Kastanien, Eicheln, Äpfel, Winterbeeren, Orangenscheiben, Kiefernzapfen, Federn

46 © PERSEN Verlag

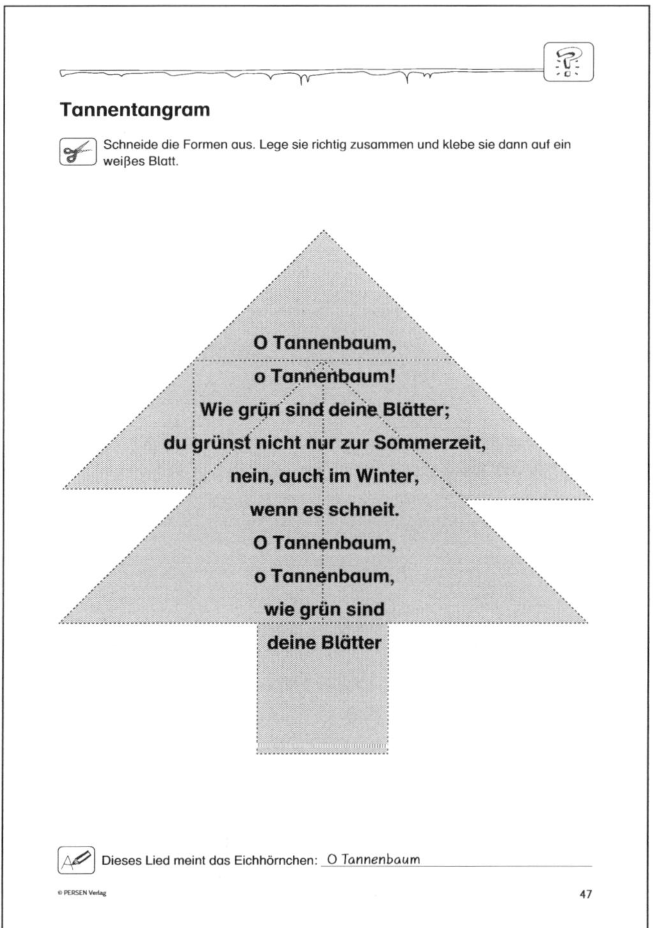

Tannentangram

Schneide die Formen aus. Lege sie richtig zusammen und klebe sie dann auf ein weißes Blatt.

O Tannenbaum,
o Tannenbaum!
Wie grün sind deine Blätter;
du grünst nicht nur zur Sommerzeit,
nein, auch im Winter,
wenn es schneit.
O Tannenbaum,
o Tannenbaum,
wie grün sind
deine Blätter

Dieses Lied meint das Eichhörnchen: *O Tannenbaum*

© PERSEN Verlag 47

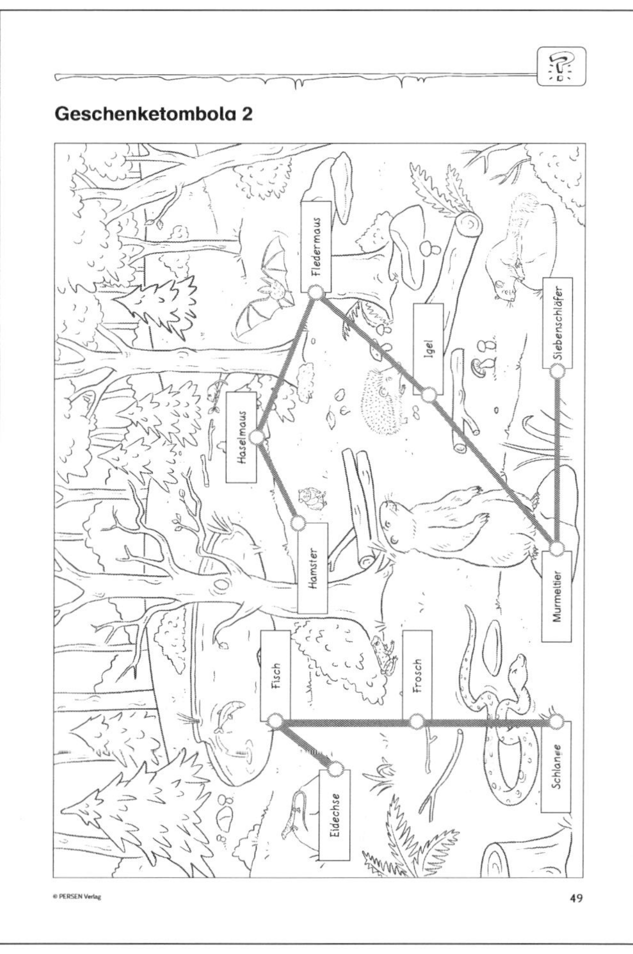

Geschenketombola 2

© PERSEN Verlag 49

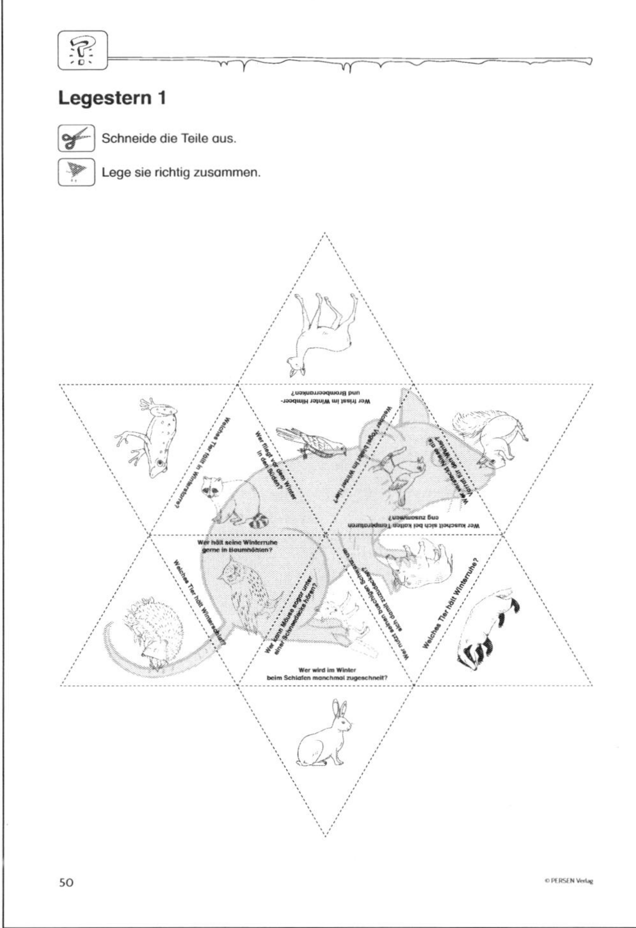

Legestern 1

Schneide die Teile aus.

Lege sie richtig zusammen.

50 © PERSEN Verlag

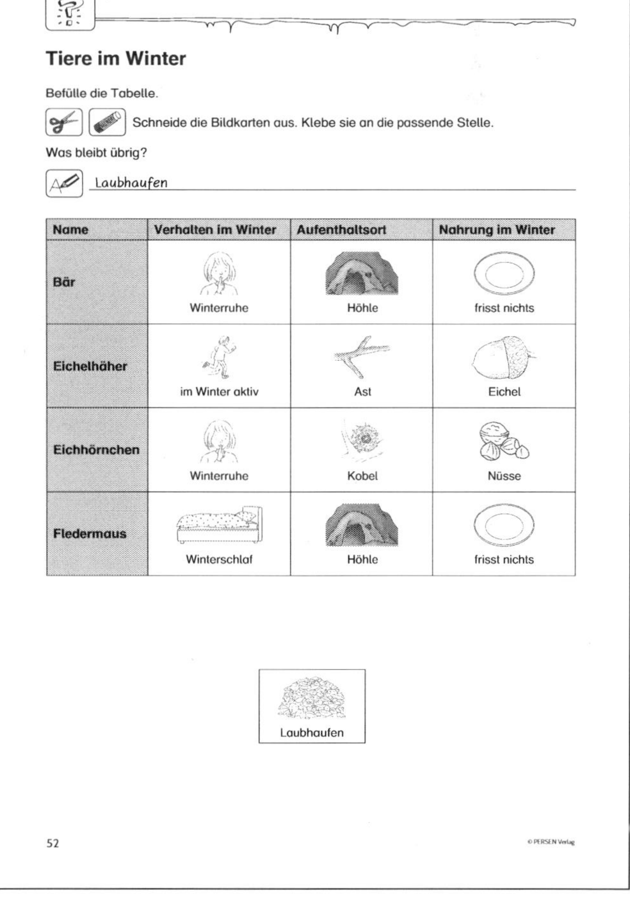

Tiere im Winter

Befülle die Tabelle.

Schneide die Bildkarten aus. Klebe sie an die passende Stelle.

Was bleibt übrig?

Laubhaufen

Name	Verhalten im Winter	Aufenthaltsort	Nahrung im Winter
Bär	Winterruhe	Höhle	frisst nichts
Eichelhäher	im Winter aktiv	Ast	Eichel
Eichhörnchen	Winterruhe	Kobel	Nüsse
Fledermaus	Winterschlaf	Höhle	frisst nichts

Laubhaufen

52 © PERSEN Verlag

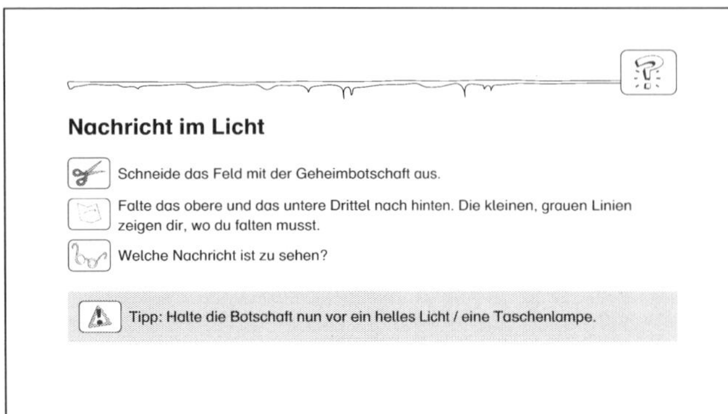

Nachricht im Licht

Schneide das Feld mit der Geheimbotschaft aus.

Falte das obere und das untere Drittel nach hinten. Die kleinen, grauen Linien zeigen dir, wo du falten musst.

Welche Nachricht ist zu sehen?

Tipp: Halte die Botschaft nun vor ein helles Licht / eine Taschenlampe.

ICH WÜNSCHE EUCH SCHÖNE WINTERFERIEN!

 53

URKUNDE

____

(Name)

hat alle Rätsel
erfolgreich gelöst und als

Rätsel-Expertin

die Tiere bei der Planung ihres Festes unterstützt.

_______________________ _______________________

Ort und Datum *Unterschrift*

URKUNDE

(Name)

hat alle Rätsel
erfolgreich gelöst und als

Rätsel-Experte

die Tiere bei der Planung ihres Festes unterstützt.

Ort und Datum

Unterschrift

Laufzettel

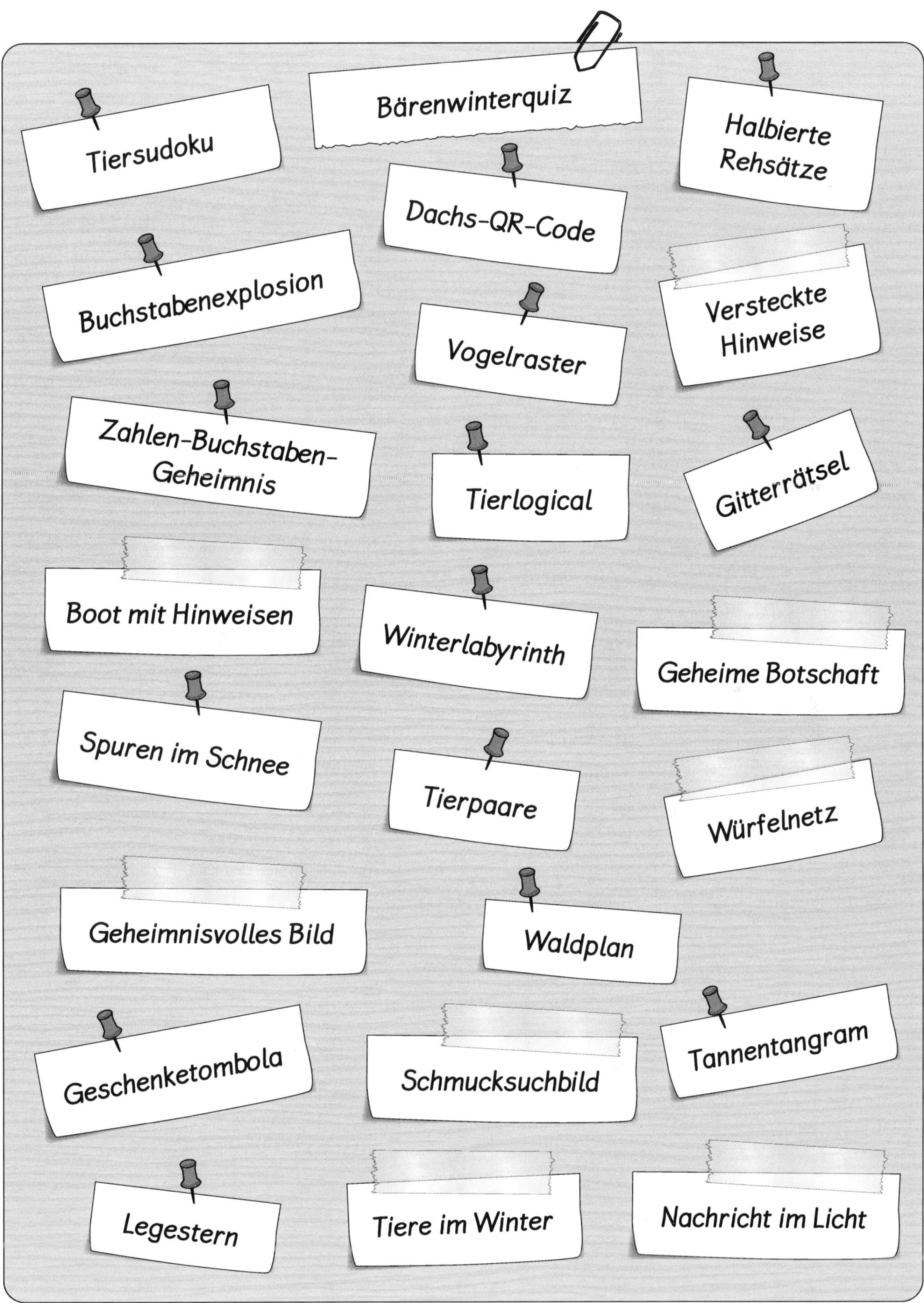
Tiersudoku
Bärenwinterquiz
Halbierte Rehsätze
Dachs-QR-Code
Buchstabenexplosion
Vogelraster
Versteckte Hinweise
Zahlen-Buchstaben-Geheimnis
Tierlogical
Gitterrätsel
Boot mit Hinweisen
Winterlabyrinth
Geheime Botschaft
Spuren im Schnee
Tierpaare
Würfelnetz
Geheimnisvolles Bild
Waldplan
Geschenketombola
Schmucksuchbild
Tannentangram
Legestern
Tiere im Winter
Nachricht im Licht

Laufzettel

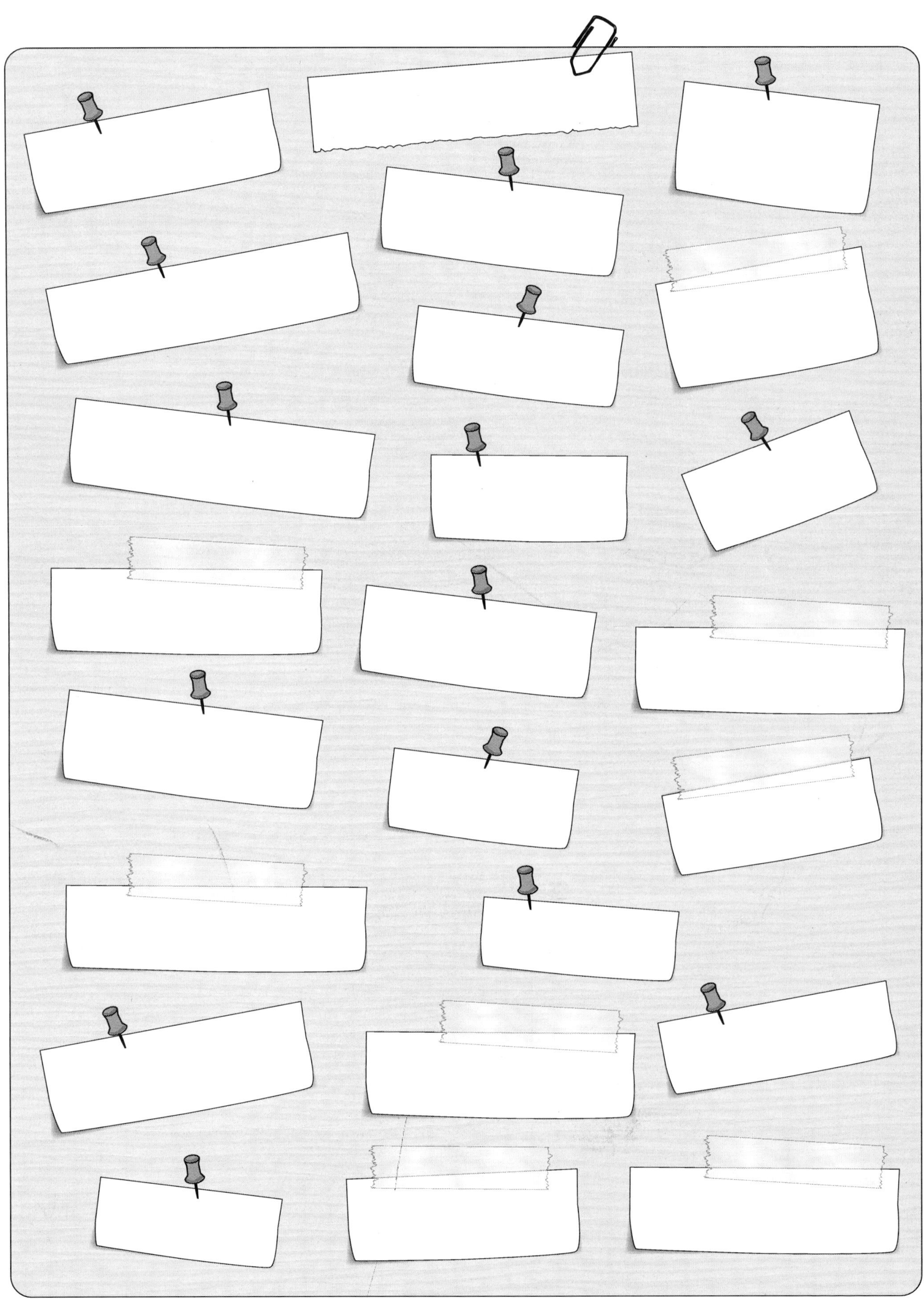